W0049255

Markus Metka   Thomas M. Walkensteiner

DIE NEUE
AROMA
KÜCHE

Genussvoll
durch die Welt der Gewürze

Brandstätter

Inhaltsverzeichnis

Dem Leben eine gesunde Würze verleihen.
Vom Heilkraut zum Anti-Aging-Star
Markus Metka   6

Kräuter- und Gewürzküche in der Praxis:
Die top Tipps von Thomas M. Walkensteiner   19

Vorspeisen   21

Suppen   49

Vegetarisch   67

Fisch   79

Fleisch   111

Desserts   139

Handfeste Basis   162

Beilage   166

Eingelegtes   172

Gewürze   181

Brot   182

Energydrinks   184

Eis   186

Register   188

Impressum   192

Dem Leben eine gesunde Würze verleihen

Vom Heilkraut zum Anti-Aging-Star

Wussten Sie, dass der Ausgangsstoff für das einzig wirksame antivirale Influenza-Medikament gegen die Vogelgrippe Sternanis ist? Dass die Vorstufe des Aspirin-Wirkstoffes Acetylsalicylsäure aus Weidenrinde isoliert wird? Und dass Penicillin – die Wunderwaffe gegen Infektionskrankheiten – aus dem Schimmelpilz „Penicillium notatu" entstand? Damit nicht genug. Chili verfügt annähernd über die gleiche Wirkung wie Cortison, jedoch ohne Nebenwirkungen. Und Zimt sowie Oregano regulieren den Blutzuckerspiegel.

Effektiv in der Präventivmedizin

Salbei hilft bei Halsschmerzen, Rosmarin stimuliert den Verdauungsapparat: Solche „Weisheiten" rund um Gewürze sind „alte Hüte", die man auf den folgenden Seiten nicht finden wird. Dass die Wirkung von Oregano durchaus mit einem der gebräuchlichsten Anti-Diabetes-Medikamente vergleichbar ist, ist allerdings eine Erkenntnis, die einschlägt.

Harte wissenschaftliche Daten und Fakten bestätigen, dass die sekundären Pflanzeninhaltsstoffe von Gewürzen und Kräutern eine eindeutige Wirkung in der Präventivmedizin erzielen und über ein starkes Anti-Aging-Potenzial verfügen. Die Rezepte in diesem Buch zeigen, wie sich mit der richtigen Handhabung von Gewürzen Gesundheit und Genuss auf einmalige Art und Weise verbinden lassen. Spät, aber doch scheint sich die westliche Schulmedizin wieder auf den Leitsatz des Hippokrates, des Urvaters der abendländischen Medizin, zu besinnen. Während sein Gedanke „Lass die Nahrung deine Medizin und Medizin deine Nahrung sein" in unserer Kultur mit der Zeit sträflich vernachlässigt wurde, haben die Traditionelle Chinesische Medizin und die Traditionelle Indische Heilkunst diesen Ansatz stark verinnerlicht. Sowohl in der TCM als auch im Ayurveda erfolgt mindestens die Hälfte der Therapien mittels gezielter Ernährungsprogramme.

„Lass die Säfte der Pflanzen die Kraft in deinem Blut sein!"

Wirft man einen Blick auf die historische Bedeutung und Nutzung von Heilpflanzen, verwundert es nicht, dass sich unsere heutige Medizin die Stärke der Natur ebenfalls zum Vorbild macht. Alle Hochkulturen des Altertums beschäftigten sich ausgiebig mit den Rezepturen pflanzlicher Arzneien. Gewürze und Kräuter waren damals die Grundlage gesundheitsversprechender Salben und Tinkturen. Mit einem Wort: Sie waren die Pharmazie schlechthin. Auch wenn der legendäre chinesische Kaiser bei Weitem nicht ahnen konnte, welch unglaublicher Wirkstoff-Cocktail in der Pflanzenwelt steckt, lag er mit seiner Empfehlung „Lass die Säfte der Pflanzen die Kraft in deinem Blut sein" bereits 700 v. Chr. goldrichtig.

Versetzte man Gewürze wie Thymian, Wacholder, Nelken und Zimt mit Alkohol, so schienen sich die gesundheitsfördernden Substanzen der Pflanzen und deren antivirale Wirkung zu potenzieren. Bestes Beispiel dafür ist sicherlich der „herbal wine" der Ägypter, der tausende Jahre später als Glühwein sein Revival erlebt und wie ein Wundermittel gegen grippale Infekte wirkt.

Von Dioskourides über Theophrast bis Hippokrates, Antiphanes, Galen und Plinius: All diese weisen Köpfe der Antike wussten, welch enormes Gesundheitspotenzial in Kräutern, Gemüsen und Früchten steckt. Den alten Griechen waren bereits 1000 verschiedene Pflanzenarten bekannt. Theophrast bewirtschaftete in Athen sogar ein experimentelles Landgut und gab leidenschaftlich Auskunft, wie Oliven-, Feigen- und Mandelbäume am besten zu kultivieren seien.

Zählen Oliven, Knoblauch und Zwiebeln auch zu den Gewürzen? Unsere heutige Klassifizierung von Pflanzen in Gewürz- bzw. Heilkräuter, Gemüse und

Obst hat sich erst im Laufe der letzten Jahrhunderte herausgebildet. Im alten Rom, bei den Griechen, Chinesen und Indern wurden alle Pflanzenarten als „botana" in einen (Koch-)Topf geworfen.

Was Safran, Salbei, Granatäpfel, Weintrauben etc. gemeinsam haben? Sie alle wirken therapeutisch und regulierend auf den menschlichen Organismus. Diese Erkenntnis fand im Mittelalter in den prachtvollen Klostergärten der Mönche ihren Platz. Karl der Große (um 800 n. Chr.) herrschte stolz über seinen eigenen königlichen Kräutergarten, den der Willkommensgruß „Zur Freude des Arztes und zum Ruhm des Koches" zierte. Eine Aussage, die die Philosophie der heutigen Anti-Aging-Medizin nicht besser beschreiben könnte.

Die neuen Vitamine

Substanzen mit unschätzbarem Gesundheitswert

Hitze, Kälte, Frost, Viren, Pilzbefall, Bakterien und Schädlinge: Pflanzen sind im Laufe ihres Wachstums zahlreichen Angriffen der Natur ausgeliefert. Doch sie sind keineswegs schutzlos. Sekundäre Pflanzeninhaltsstoffe dienen ihnen wie ein Panzer zur Abwehr. Phytoalexine arbeiten wie ausgeklügelte Schutzsysteme, die sich für die Pflanze stark machen und ihr helfen zu überleben und zu gedeihen. Zu den wichtigsten Vertretern zählen Isoflavone, Carotinoide, Flavonoide, Polyphenole, Saponine, Phystosterine und Sulfide. Diesen Substanzen wird eine Vielzahl unterschiedlicher Gesundheitseffekte zugesprochen, wie eine Senkung des Risikos für Herz-Kreislauf-Erkrankungen und Krebs. Dies ist auf ihre antiinflammatorischen und antioxidativen Eigenschaften zurückzuführen.

Bis heute wurden rund 40.000 sekundäre Pflanzeninhaltsstoffe erforscht. Neben den in der Anti-Aging-Medizin bekannten und bewährten „neuen Vitaminen" wie Ellagsäure im Granatapfel, Resveratrol in der Weintraube und Hydroxytyrosol in der Olive rückten in den letzten Jahren auch die

sekundären Pflanzeninhaltsstoffe von Gewürzen und Kräutern verstärkt in das wissenschaftliche Interesse. Angefangen vom Capsaicin im Chilli über das Curcumin in der Kurkuma bis zum Quercetin in der Zwiebel: Studien bestätigen, dass diese Inhaltsstoffe nicht nur der Pflanze zum Eigenschutz und somit zu ihrem Anti-Aging dienen, sondern auch genau deshalb großartige Anti-Aging-Perspektiven für den menschlichen Organismus aufweisen.

Gefährliche Stolpersteine

Stille Entzündungen und freie Radikale

Herz-Kreislauf-Erkrankungen (Schlaganfall, Herzinfarkt), Demenz und unkontrolliertes Zellwachstum sind die drei stärksten Bedrohungen für das Altern. Krankheitsbilder wie Depression, Diabetes, Osteoporose, Alzheimer und Krebs entstehen infolge von „silent inflammation", stillen Entzündungen, die den Körper über Jahre, Jahrzehnte hinweg gänzlich unbemerkt schwächen.

Das Tückische an schleichenden Entzündungen? Der Mensch ist sich ihrer Konsequenz erst dann bewusst, wenn es meistens schon zu spät und die Spitze des Eisberges erreicht ist bzw. sich winzige Entzündungsherde zu einem rasanten Lauffeuer ausgebreitet haben.

Beim zweiten Feind, gegen den die heutige Gesellschaft mit ihren Volkskrankheiten zu kämpfen hat, handelt es sich um den oxidativen Stress. Damit sind Zellattacken durch aggressive Sauerstoffmoleküle gemeint. Umweltverschmutzung, Strahlung, Nikotin und Pestizide fördern die Aggressivität sowie die Zahl der freien Radikale. Sensible Zellbestandteile wie die hauchdünnen Membranhäutchen und die Erbsubstanz DNA sind durch die Oxidation besonders gefährdet. Gänzlich unbemerkt nimmt der biologische Schaden seinen Lauf. Die Zellen kollabieren und der Körper reagiert mit chronischen Krankheiten.

Antiinflammatorische Ernährungsgrundsätze

Eat food. Not too much. Mostly plants. Low carb, high protein.

Wie lassen sich die Entzündungsfaktoren, die uns innerlich verbrennen, in Schach halten? Die Antwort lautet: mit der richtigen Ernährung. Im Dschungel der vorherrschenden Ernährungsweisheiten und -irrtümer ist das oft leichter gesagt als getan. Bei der Frage nach einer Ernährungsform, die ein Älterwerden in Gesundheit ermöglicht, muss man folgende vier Punkte beachten:

Die schlechten Kohlehydrate (sprich Zucker und Stärke) müssen reduziert werden, um eine rasche Insulinausschüttung zu vermeiden. Gute Kohlenhydrate sind jene mit einem niedrigen glykämischen Index.

Zweitens spielt die Qualität der Fette eine wesentliche Rolle. Aus Sicht der Ernährungswissenschaft sind es die ungesättigten Fettsäuren, die über einen hohen Gesundheitswert verfügen. Zu den „Engelsfetten" zählen Öle mit einem hohen Gehalt an Omega-3-Fettsäuren wie Leinsamen-, Raps-, Walnuss- oder Hanföl. Omega-3-Fettsäuren wirken stark entzündungshemmend. Wichtig ist, auf das Verhältnis zwischen Omega-6- und Omega-3-Fettsäuren zu achten. Ein Übermaß an Omega-6-Fettsäuren führt in unserem Körper zu Entzündungswellen und begünstigt chronische Alterserkrankungen. Ideal wäre ein ausgewogenes Verhältnis. Die Realität schaut leider anders aus. Omega-6-Fettsäuren stecken vor allem in industriell verarbeiteten pflanzlichen Ölen. Sonnenblumenöl und Maiskeimöl sind reich an Omega-6-Fettsäuren und sollte daher sparsam verwendet werden. Zu den „Teufelsfetten" sind die meisten tierischen, gesättigten Fettsäuren zu rechnen, die sich beispielsweise in Wurstsorten, Speck und Leberaufstrich finden.

Die Heilwirkungen von Kräutern und Gewürzen sind von alters her bekannt und waren Gegenstand vieler wissenschaftlicher Darstellungen. Doch erst die moderne Wissenschaft konnte nachweisen, warum Stoffe wie das in Zwiebeln enthaltene Quercetin (chemische Stuktur unten im Bild) wahre Anti-Aging-Substanzen mit hohem Wert für die Präventivmedizin sind.

Ein gut sortierter Kräutergarten ist eine natürliche Anti-Aging-Apotheke.

Eiweiß gehört zu den Hauptnährstoffen. Ein Ei am Tag ist bereits ausreichend, um die notwendigen Aminosäuren aufzunehmen. Aber auch Hülsenfrüchte wie Kichererbsen, Linsen, Erbsen oder Sojabohnen sind nicht zu unterschätzende Proteinlieferanten und eine gesunde Alternative zu Fleisch. Auf diese Weise lässt sich die Zufuhr von gesättigten Fettsäuren genussvoll reduzieren.

Die vierte tragende Säule der richtigen Ernährung sind die sekundären Pflanzeninhaltsstoffe mit ihren hochpotenten Anti-Aging-Wirkstoffen, um die es sich auf den folgenden Seiten dreht. Welche Wirkungen vor allem in Sinne der Präventivmedizin wünschen wir uns von sekundären Pflanzeninhaltsstoffen? Die Wunschliste ist lang und reicht von antiinflammatorischer und antioxidativer über antivirale, antibakterielle und antimikrobielle Wirkung bis zur günstigen Beeinflussung des Glukosestoffwechsels und einem positiven Entgegenwirken von Übergewicht mit all seinen Folgeerscheinungen wie Fettleibigkeit, Bluthochdruck und veränderte Blutfettwerten. Um es mit den Worten des mehrfach ausgezeichneten Umweltjournalisten Michael Pollan zu sagen: „Eat food. Not too much. Mostly plants!" Dieses Motto hat aus Sicht der heutigen Anti-Aging-Forschung mehr denn je seine Berechtigung.

Metabolic Balance

Neueste ernährungsmedizinische Erkenntnisse zeigen, dass eine Ernährungsweise nach dem Credo „gesunde Kohlenhydrate, viel Eiweiß" wirksam im Kampf gegen altersrelevante Erkrankungen wie Krebs und Diabetes sein kann. Lebensmittel, die einen niedrigen glykämischen Index aufweisen und über einen hohen Eiweißanteil verfügen, überzeugen mit einer einzigartigen antiinflammatorischen Wirkung auf den Organismus. Daher auch der berechtigte Siegeszug von „Metabolic Balance". Dieses Ernährungskonzept vereint „carb with low glycamic load and high protein" mit sekundären Pflanzeninhaltsstoffen und erzielt dadurch bemerkenswerte Erfolge.

Im Fokus der Wissenschaft

Kräuter und Gewürze beeinflussen den Fett- und Zuckerstoffwechsel

Wie lässt sich nach den neusten Forschungen die pharmakologische Wirkung von Gewürzen und Kräutern in der Präventivmedizin erklären? Die aktuellen Arbeiten der Gruppe um Alois Jungbauer, Leiter des Christian-Doppler-Laboratoriums für Rezeptorbiotechnologie im Institut für Angewandte Mikrobiologie der Universität für Bodenkultur in Wien, zeigen eindrucksvoll die Wirkung von bestimmten Gewürzen auf den Zuckerstoffwechsel (PPAR-γ Rezeptor), den Fettstoffwechsel (PPAR-α Rezeptor) und ihre Wirkung auf erhöhten Blutdruck (PPAR-β Rezeptor). Die Tatsache, dass Fett- und Zuckerstoffwechsel in engster Interaktion stehen, bestätigt die fatale Ernährungsproblematik unserer Gesellschaft: Verfettung und Überzuckerung!

Zu wissen, welche Gewürze und Kräuter den Zuckerstoffwechsel, Fettstoffwechsel und den Blutdruck positiv beeinflussen, bedeutet über einen wertvollen Wissensvorsprung im Kampf gegen das Übergewicht mit all seinen gesundheitlichen negativen Folgeerscheinungen zu verfügen. Jungbauer und sein Team konnten die antiinflammatorische und antioxidative Potenz von Kräutern und Gewürzen zum ersten Mal messbar machen.

Das Faszinierende dabei: Jungbauers Studien belegen, dass der im Chili enthaltene sekundäre Pflanzeninhaltsstoff Capsaicin ebenso effektiv wie Kortison ist. Paprika, Pfeffer, Lorbeer, Koriander und Muskatnuss verfügen ebenfalls über starke entzündungshemmende Eigenschaften. In puncto Zuckerstoffwechsel kamen die Molekularbiologen zu dem beeindruckenden Ergebnis, dass Oregano den Blutzuckerspiegel reguliert und somit durchaus vergleichbar mit einem der gebräuchlichsten Anti-Diabetes-Medikamente ist.[1] Auch Zimt wirkt auf den Zuckerstoffwechsel.

Zur Erklärung: Die Aktivierung des jeweiligen PPAR-Rezeptors (Peroxisom-proliferatoraktivierte Rezeptor) ist entscheidend dafür, ob die für den Körper schädlichen Entzündungssubstanzen abgeschwächt werden können. Wird der PPAR-Rezeptor erfolgreich stimuliert, kommt es über verschiedene Enzyme zu einer Hemmung der Zytokine, die den Kern allen Übels darstellen. Diese Zytokine sind für sämtliche stillen Entzündungen im menschlichen Körper verantwortlich. Sie gilt es zu stoppen.

Wie die Wissenschaft eindeutig bestätigt, wirken die sekundären Pflanzeninhaltsstoffe von Gewürzen und Kräutern diesen Entzündungssubstanzen positiv entgegen und ersticken somit die Übeltäter für die gefürchteten Zivilisationskrankheiten im Keim.

Revolutionär:

DER ULTIMATIVE FAT- UND SUGAR-BURNER!

Laboranalysen des Forscherteams um Alois Jungbauer bringen einzigartige Erkenntnisse ans Tageslicht. So gibt es tatsächlich Gewürze, die exakt wie ein „Fat-Burner" und „Sugar-Burner" wirken. Wie diese „Wunder-Gewürzmischung" aussieht? Man nehme Kümmel, Chili, Koriander, Schwarzen Pfeffer und Muskatnuss und fertig ist der sensationelle Gewürz-Mix, der gleichzeitig Fettstoffwechsel, Zuckerstoffwechsel und Blutdruck positiv beeinflusst und somit sogar als Pan-PPAR-Aktivator bezeichnet werden kann.

1 Oregano: A Source for Peroxisome Proliferator-Activates Receptor Antagonist, Monika Müller, Brigitte Lukas, Johannes Novak, Tommaso Simoncini, Andrea Riccardo Genazzani, Alois Jungbauer, J. Agric. Food Chem., 2008.

Die wichtigsten Super-Herbs

Die top Kräuter und Gewürze mit antiinflammatorischer Potenz

Chili gilt als Gewürz mit den stärksten entzündungshemmenden Eigenschaften. Kaum ein anderes Gewürz kann mit der antiinflammatorischen Potenz des in Chili enthaltenen Capsaicin konkurrieren. Aber auch Pfeffer, Piment und Lorbeer wirken besonders effektiv gegen „stille Entzündungen".

Chili, Paprika

Chili hemmt mittels Aktivierung des PPAR-Rezeptors die schädlichen Entzündungssubstanzen im menschlichen Körper, die für die „silent inflammation" mit all ihren Folgeerscheinungen wie Herz-Kreislauf-Erkrankungen, Diabetes, Alzheimer etc. ausschlaggebend sind. Durch seine Wirkung auf die PPAR-Antagonisten zählt Chili auch zu den top Fettverbrennern und gilt somit als der Anti-Aging Star im Kampf gegen Adipositas und das metabolische Syndrom.[2] Übrigens: Capsaicin fördert die Durchblutung der Schleimhäute. Und: Andere Pflanzeninhaltsstoffe, etwa in Schokolade enthaltene, können in Kombination mit Chili besser aufgenommen werden.

Pfeffer

Schwarzer, weißer, grüner, roter und mild bis höllisch scharf: Es gibt unzählige Pfeffersorten, die für milde Würze bzw. feuriges Aroma sorgen. Der in den Pfefferkörnern enthaltene sekundäre Pflanzeninhaltsstoff Piperin wirkt entzündungshemmend, antioxidativ und ist ein bemerkenswerter Fettverbrenner („Fat-Burner").

Lorbeer

In der Antike als Ruhm- und Siegessymbol verwendet, scheint Lorbeer heute einmal mehr eine Sonderstellung unter den Gewürzen zu haben. Laut Studien verfügt Lorbeer über eine starke antiinflammatorische Potenz. Zudem wirkt er durchblutungsfördernd. Wie auch bei Chili können andere Pflanzeninhaltsstoffe zusammen mit Lorbeer besser über die Schleimhäute aufgenommen werden.

Piment

Nelkenpfeffer, Neugewürz oder Jamaikapfeffer – Piment hat viele Namen. Der sekundäre Pflanzeninhaltsstoff Eugenol zeichnet sich durch eine starke entzündungshemmende Eigenschaft aus. Darüber hinaus wirkt Eugenol antibakteriell.

Basilikum

Im Hinduismus als „heiliges Kraut" verehrt, zählt Basilikum zu jenen Heilkräutern, welche die beiden wichtigsten Eigenschaften sekundärer Pflanzeninhaltsstoffe in Sachen Anti-Aging-Medizin verbinden. Das im Basilikum enthaltene Luteolin wirkt antiinflammatorisch und antioxidativ. Dadurch sind die schon vor tausenden von Jahren bekannten Heilungseffekte von Arthritis, Allergien und Darmerkrankungen zu erklären. Die entzündungshemmenden Inhaltsstoffe des Basilikums helfen auch jene Bakterien abzutöten, die für Lebensmittelvergiftungen verantwortlich sind. Geben Sie auf Ihre Pizza nicht ein Blatt Basilikum, sondern verfeinern Sie das Gericht mit einer ganzen Handvoll dieses köstlichen Krautes!

Olive

Kaltgepresstes, hochwertiges Olivenöl ist reich an verschiedenen Polyphenolen. Eine „high-sophisticated" entzündungshemmende Substanz im Kampf gegen „silent inflammation" ist Hydroxytyrosol. Dieser natürliche Entzündungshemmer entspricht einem im Handel erhältlichen Schmerzmittel und wirkt sogar noch spezifischer als ein synthetisch hergestellter cox_2-Hemmer. Zugleich wirkt Hydroxytyrosol stark antioxidativ und bekämpft freie Radikale 100mal stärker als Vitamin C. Im Rezeptteil unseres Buches werden verschiedene reinsortige Olivenöle eingesetzt, produziert nach der Methode Veronelli. Das bedeutet: Vor der Verarbeitung werden die Oliven entkernt. Das verfeinert das Öl. Nur ausgesuchte, perfekte Oliven werden verwendet. Die sofortige Verarbeitung verhindert die Bildung freier Fettsäure und die wertvollen, gesundheitsfördernden einfach-ungesättigten Fettsäuren und Polyphenole bleiben in hohem Maß erhalten.

Dank der unglaublichen Geschmacksvielfalt von Olivenöl lassen sich Speisen damit ideal „parfümieren". Grünfruchtige Olivenöle passen perfekt zu Fisch und Spargel. Mit kräftigen, würzigen Olivenölen lassen sich Fleischgerichte verfeinern. Und Olivenöle, deren Aroma an grünen Paprika und grünen Pfeffer erinnert, verleihen Süßspeisen aus Mango und Schokolade eine besondere Würze.

Zitrusfrüchte

Vor allem in ihrer Schale steckt eine ganze Artillerie von Phytoalexinen. Der Wirkstoff Hesperitin, der zur Gruppe der Falvonoide gehört und in der Orangenschale vorkommt, verfügt über eine starke antioxidative Kraft und wird auch von der Kosmetikbranche als vielversprechende Anti-Aging-Substanz gehandelt, da nicht zuletzt die Alterung der Haut sich durch stille Entzündungen erklärt. Studien zeigen, dass sekundäre Pflanzeninhaltsstoffe wie Diosmetin und Naringenin einzigartige antiinflammatorische Eigenschaften im Kampf gegen stille Entzündungen besitzen.[3]

2 Anti-inflammatory properties of culinary herbs and spices that ameliorate the effects of metabolic syndrom, Alois Jungbauer, Svjetlana Medjakovic.

3 Mueller, M; Hobiger, S; Jungbauer, A. (2010): Anti-inflammatory activity of extracts from fruits, herbs and spices FOOD CHEM.

Die top Kräuter und Gewürze mit antioxidativem Potential

Matcha, Ingwer, Koriander und Kurkuma sind die Gewürz-Stars Asiens. Wie bereits erwähnt, weiß man in der Traditionellen Chinesischen Medizin und im Ayurveda die Kraft der Gewürze und Kräuter bereits seit tausenden von Jahren gezielt für die Gesundheit des Menschen einzusetzen. Die westlichen Industrieländer können sich von diesem Wissen getrost eine Scheibe abschneiden.

Ingwer

Neben den faszinierenden entzündungshemmenden Fähigkeiten von 6-Gingerol wird Ingwer vor allem aus Gründen der Prävention viraler Erkrankungen wie grippalen Infekten, aber auch bei Übelkeit und Brechreiz besonders geschätzt. Ingwer kann zu Recht als „Super Herb" in Bezug auf seine antioxidative Kraft bezeichnet werden. Denn dieses asiatische Gewürz verfügt über 25 verschiedene Antioxidantien, welche die freien Radikale im Körper effektiv neutralisieren. Mit diesen Eigenschaften punktet Ingwer schlussendlich auch im Kampf gegen die Entstehung von stillen Entzündungen und wirkt somit höchst antikanzerogen.

Matcha (Grüntee-Pulver)

Vom Matcha-Cocktail bis Matcha-Latte: Matcha ist derzeit das „In-Getränk" schlechthin und vor allem in Japan als Diätdrink sehr beliebt. Doch wie lässt sich die Wirkung dieses natürlichen Fat-Burners erklären? Es sind die Katechine des Grüntee-Pulvers, die den Fettstoffwechsel ankurbeln. Katechine sind darüber hinaus starke Radikalfänger, daher auch die antioxidative Wirkung von Matcha. Zum Vergleich: 1 Glas Rotwein entspricht der antioxidativen Potenz und der chemopräventiven Wirkung von 5 ¼ Gläsern Orangensaft oder einer Prise Matcha.

Koriander

Blei, Quecksilber, Cadmium sind gefährliche Schwermetalle, die gravierende Gesundheitsschäden wie Blutarmut, Darmkoliken und Nervenschädigungen auslösen können. Koriander mobilisiert Schwermetalle aus ihren Depots im Körpergewebe und gilt somit als potentester Schwermetall-Ausleiter. Ganze bzw. gemahlene Korianderkörner findet man in zahlreichen Gewürzmischungen. Tipp: Frischer Koriander ist besonders aromatisch.

Die top Kräuter und Gewürze für den Zuckerstoffwechsel

Überzuckerung und Verfettung gelten als die zwei Hauptübel, mit denen die heutige Gesellschaft zu kämpfen hat. Das durch Fettleibigkeit, Bluthochdruck, veränderte Blutfettwerte und Insulinresistenz charakterisierte metabolische Syndrom gilt als entscheidender Faktor für koronare Herzkrankheiten. Der gestörte Zuckerstoffwechsel kann in Diabetes übergehen. Dank ihrer positiven Wirkung auf den Glukosestoffwechsel sind Gewürze wie Zimt oder Oregano als erfolgreiche „Fat- und Sugar-Burner" zu bezeichnen, die auch bei bestehendem Diabetes Verbesserungen bringen.

Zimt

Laut einer Studie an Typ-II-Diabetes-Patienten reduzieren bereits zwei Teelöffel Zimt pro Tag den Blutzucker um bis zu 30 Prozent. So lässt sich auch die Marktpräsenz von Zimtpräparaten als Nahrungsergänzungsmittel erklären. Wie Rosmarin und Minze gehört Zimt zu den Kräutern für „Mind & Mood". Das heißt: Es fördert auch die kognitiven Fähigkeiten und hebt die Stimmung.

Oregano

Oregano, Salbei, Thymian, Rosmarin und Basilikum: Dieses mediterrane Kräuter-Quintett ist besonders reich an wertvollen Inhaltsstoffen. So verspricht etwa die Substanz Rosmarinöl antivirale, antifungale und antibakterielle Eigenschaften. Das Besondere an Oregano ist aber zweifellos seine ausgeprägte günstige Wirkung auf den Zuckerstoffwechsel. Aufsehenerregende Forschungsarbeiten zeigten: Bereits 20 g Oregano regulieren den Blutzuckerspiegel. Dieses Gewürz ist somit durchaus mit einem der gebräuchlichsten Anti-Diabetes-Medikamente vergleichbar. Ist dies vielleicht einer der Gründe, warum die traditionelle mediterrane Küche mit ihrem vielfältigen Gewürz-Potpourri gerne als Anti-Aging-Küche bezeichnet wird?

Das top Gewürz mit chemopräventiver Wirkung

Alle Kräuter und Gewürze verfügen über antiinflammatorische und antioxidative Eigenschaften. Zudem können sie den Zuckerstoffwechsel positiv beeinflussen. Werden stille Entzündungen erfolgreich gehemmt, wird der Nährboden für die Entstehung von Krebs genommen. Somit ist auch allen Kräutern und Gewürzen eine chemopräventive Wirkung eigen. Studien belegen, dass 50 bis 70 Prozent aller Karzinome durch falsche Ernährung entstehen. Kurkuma oder Matcha wird eine Vorrangstellung bei der Krebsprävention zugeschrieben.[4] Wissenschaftliche Arbeiten wie „The role of herbs and spices in cancer prevention" belegen den antikanzerogenen Effekt eindrucksvoll.[5]

Kurkuma

Darmkrebs zählt zu den häufigsten Krebserkrankungen in westlichen Industriestaaten. Anders zeigt sich die Situation beispielsweise in Indien. Seit langem ist der Zusammenhang zwischen Dickdarmkarzinom und Ernährungsfaktoren bekannt. Schließlich ist Dickdarmkrebs ebenfalls die Folge von stillen Entzündungen. Besonderes Interesse der Krebsforschungsinstitute weltweit gilt derzeit dem als „neuem Vitamin" bezeichneten Curcumin. Kann der reichliche Curry-Genuss der Inder in Korrelation mit einer antikazerogenen Wirkung gebracht werden? Wissenschaftler gehen heute davon aus, dass dies durchaus denkbar ist.[6]

Curry ist ein Mischpulver und besteht meist zur Hälfte aus Kurkuma, also Curcumin. Aber erst dessen großzügige Verwendung, wie sie in der indischen Kultur üblich ist, ermöglicht eine erwähnenswerte pharmakologische Wirkung. Mit einer gelegentlichen Prise Curry ist es nicht getan. Wussten Sie, dass Curcumin sogar eine E-Nummer hat? So gesund kann Lebensmittelfarbe sein! Der scharfe Dijon-Senf etwa verdankt dem Curcumin sein gelbliches Erscheinungsbild. Auch findet Curcumin bereits in zahlreichen Nahrungsergänzungsmitteln seine Verwendung.

4 Cancer Chemoprevention with dietary phytochemicals, Young-Joon Surh, Seoul National University, 2003.

5 „The role of herbs and spices in cancer prevention", Keafer Cm, Milner JA, Nutritional Science Research Group, National Cancer Institute, Rockville, Md 20892.

6 Pharmacological basis for the role of curcumin in chronic desease: an age-old spice with modern targets, Bharat B. Aggarwal, Bokyung Sung, Cytokine Research Laboratory, Department of Experimental Therapeutics, MD Anderson Cancer Center, Houston.

Gewürznelke

Neben ihrer stark entzündungshemmenden Wirkung zeichnet sich die Gewürznelke vor allem auch durch ihre keimtötende, antiseptische Funktion im Hinblick auf virale Erkrankungen aus. Bereits die Ägypter wussten vor 4000 Jahren „herbal wine" aus Gewürznelken & Co. als effektives Heilmittel gegen grippale Infekte einzusetzen. Auch heute die Gewürznelke in keinem Glühwein fehlen.

Die top Kräuter und Gewürze gegen Viren, Bakterien und Parasiten

In dieser Kategorie finden sich jene Gewürze und Kräuter, die sich neben ihren antiinflammatorischen, antioxidativen und chemopräventiven Eigenschaften besonders durch ihre antivirale, antibakterielle und antiparasitäre Wirkung hervorheben. Stark im Kampf gegen Viren, Keime und Pilze galten sie schon seit jeher als wichtige Heilpflanzen. Nicht ohne Grund blieben die Lavendelpflückerinnen der Provence in früheren Zeiten angeblich von Tuberkulose verschont. Im Mittelalter wurden Kräuter zur Desinfektion von Krankenzimmern eingesetzt und vor der Erfindung des Kühlschrankes hatten Kräuter und Gewürze eine wichtige Rolle beim Konservieren von Lebensmitteln.

Wacholder

Wacholderbeeren stimulieren die Entgiftung über die Nieren, töten Bakterien und Parasiten im Körper ab. Nicht ohne Grund galt Gin während der indischen Kolonialzeit als wichtiges Pharmazeutikum gegen Malaria. Alkohol speichert nicht nur die antioxidative Wirkung von Früchten, sondern potenziert diese sogar. Queen Mum trank angeblich täglich ihr Gläschen Gin. Ob dieser Anti-Aging-Drink einer der Gründe für das hohe Alter war, das die 101-jährige Monarchin erreichte?

Thymian

Die Stärke dieses aromatisch duftenden Krautes liegt in seiner desinfizierenden, antibakteriellen, antimikrobiellen und reinigenden Wirkung auf den Organismus. Seine entzündungshemmende Eigenschaft ist auf das im ätherischen Öl enthaltene Thymol zurückzuführen. Dieser Wirkung bedienten sich schon die alten Griechen, die den Artemistempel in Ephesos, eines der Sieben Weltwunder der Antike, mit Thymian ausstreuten. So wurde an diesem Ort, an dem auf engstem Raum zahllose Menschen zusammenkamen, die Seuchengefahr gebannt.

Sternanis

Dieser Heilpflanze werden starke antivirale Eigenschaften zugeschrieben. Sternanis war bereits im Gewürzwein der Ägypter fixer Bestandteil, um das Immunsystem gegen Infektionskrankheiten zu stärken. Die Tatsache, dass tausende Jahre später der im Sternanis enthaltene Wirkstoff Shikimisäure als Ausgangsstoff für das Grippemittel Tamiflu zum Einsatz kommt, beweist die hohe antiinflammatorische Wirkung dieses Gewürzes.

Die top Kräuter und Gewürze für „Mind & Mood"

Im angelsächsischen Raum hat sich in den letzten Jahren eine eigene Wissenschaft herauskristallisiert, die sich mit konzentrationsfördernden und stimmungshebenden Lebensmitteln beschäftig. Mit diesem „Food for Mind & Mood" gilt es Zivilisationskrankheiten wie Burn-out präventiv entgegenzuwirken.

Minze

Als wichtiges „Food for Mind & Mood" beeinflusst dieses erfrischende Kraut unsere Denkfähigkeit, Kreativität, Konzentrationsleistung und Stimmung. Somit hat es in der Prävention von Burn-out-Erkrankungen einen nicht zu unterschätzenden Stellenwert. Kulinarik-Tipp mit Gesundheitswert: Frische Pfefferminze für selbstgemachten Eistee im August ernten. Zu diesem Zeitpunkt entfalten die „neuen Vitamine" am stärksten ihr Potential.

Rosmarin

Carnosol, Cineol, Genkwanin, Luteolin, Diosmetin etc.: In Rosmarin steckt eine geballte Kraft an sekundären Pflanzeninhaltsstoffen. Gemeinsam mit Thymian, Salbei, Basilikum und Oregano vervollständigt Rosmarin das mediterrane Kräuter-Quintett. Obwohl so verschieden

im Geschmack, sind sich die mediterranen Küchenkräuter in ihren Inhaltsstoffen nicht unähnlich. Allen gemeinsam ist ihnen die von einem Anti-Aging-Gewürz geforderte starke antioxidative und antiinflammatorische Potenz.

Rosmarin ist auch als „Food for Mind & Mood" besonders zu schätzen. Cineol fördert die kognitiven Fähigkeiten wie Gedächtnisleistung und Konzentration. So hatten die antiken Philosophen gern ein Rosmarinsträuchlein bei ihrem Schreibpult. Und vor der Kühlschrank-Ära dienten Gewürze wie Rosmarin, Oregano, Salbei oder Wacholder auch als Konservierungsmittel für Fleisch sowie Fisch, was die antivirale, antibakterielle und antimikrobielle Wirkungsweise der Phytoalexine bestätigt.

Zwiebel

Um das in Zwiebeln enthaltene Quercetin wird von amerikanischen Wissenschaftlern ein regelrechter Hype gemacht, die es als neue Anti-Aging-Entdeckung preisen. Zu Recht: Quercetin ist ein entscheidendes Polyphenol zur Aktivierung der Mitochondrien, der Kraftwerke in unseren Zellen, die immer mehr in den Fokus der Wissenschaft rücken.[7] Werden nicht ausreichend Mitochondrien gebildet, kommt es im Körper zu einem Energiedefizit – der ideale Nährboden für Erkrankungen wie Burn-out und Fatigue-Syndome. Dies erklärt den Einsatz von Quercetin bei Burn-out-Gefährdeten.

DAS MEDITERRANE KRÄUTER-QUINTETT

Thymian, Salbei, Basilikum, Oregano und Rosmarin mit ihrer starken antioxidativen und antiinflammatorischen Potenz sind einer der Gründe, warum die traditionelle mediterrane Küche als so besonders gesund gilt.

7 Lucia Biasutto et al., Impact of mitochondriotropic quercetin derivatives on mitochondria, University of Padua, 2010.

Die beliebtesten Küchenkräuter

Knoblauch, Zwiebel, Petersilie, Schnittlauch: Der große Vorteil dieser Küchenkräuter liegt in der Möglichkeit ihrer großzügigen Verwendung. Wer seinen Salat täglich großzügig mit Petersilie und sein morgendliches Butterbrot großzügig mit Schnittlauch versieht, erspart sich zahlreiche Nahrungsergänzungsmittel. Wichtig: Die Menge macht die Wirkung. Also bitte nicht sparsam sein! Denn nur durch den reichlichen Gebrauch ist auch eine pharmakologische Wirkung gegeben.

Knoblauch

Lange Zeit wusste man, dass Knoblauch bei Arterienverkalkung hilft. Was steckt dahinter? Die Erklärung liegt einmal mehr in der entzündungshemmenden Kraft von Pflanzen. Wie die Wissenschaft in den letzten zehn Jahren zusehends bestätigen konnte, handelt es sich bei Arteriosklerose um eine entzündliche Erkrankung, die sich wie jede andere „silent inflammation" systemisch im ganzen Körper ausbreiten und in Folge zu den gefürchteten Zivilisationskrankheiten wie Herz-Kreislauf-Erkrankungen, Diabetes, Alzheimer etc. führen kann. Gewürze und Kräuter mit antiinflammatorischem Potenzial wirken dem tatkräftig entgegen.

Die antivirale, antibakterielle und antiparasitäre Wirkung lässt sich bereits in der Geschichte erkennen. So aßen die beim Pyramidenbau beschäftigen Ägypter täglich ihre Ration Knoblauch und Zwiebeln, um den hohen Anforderungen dieser Arbeit körperlich gewachsen zu sein. Wurden ihnen diese natürlichen Stärkungsmittel vorenthalten, so traten sie dafür sogar in den Streik!

Petersilie

In Petersilie steckt fast die ganze Palette an Vitaminen: Vitamin A, Vitamin B1 bis B6, Vitamin C, Beta Carotine, Folsäure und Vitamin K. Dieses Kraut glänzt mit wichtigen Mineralstoffen und Spurenelementen wie Kalzium, Magnesium, Phosphor, Eisen, Mangan und Kalium. Als Nahrungsergänzungsmittel wäre es ein Verkaufsschlager. In der Dermatologie kommt der sekundäre Pflanzeninhaltsstoff Luteolin in seiner Reinsubstanz bei der Behandlung von Schuppenflechte zum Einsatz. Dieses Kraut sollte mehr als nur die Dekoration am Tellerrand sein. Bereiten Sie sich frische Tomaten mit einer Schicht Zwiebel zu. Zum Abschluss großzügig mit Petersilie belegen. Dieses schnelle Gericht ist mit Lycopin aus der Tomate, Quercetin aus der Zwiebel und Luteolin aus der Petersilie eine wahre Anti-Aging-Bombe!

Schnittlauch

Dieses beliebte Küchenkraut enthält reichlich Vitamin A, B und C sowie Eisen, Kalium und Phosphor – eine gelungene Mixtur, die einem orthomolekularen Nahrungsergänzungsmittel gleichkommt. Wie bei der Petersilie lautet auch hier die Devise: Großzügig verwenden. Nur so kann eine pharmakologische Wirkung erzielt werden. Tipp: Das tägliche Butterbrot großzügig mit frischem Schnittlauch versehen.

Kümmel

Auch wenn die Namensgleichheit etwas anderes vermuten lässt: Kreuzkümmel, Schwarzer Kümmel und Kümmel unterscheiden sich stark im Geschmack. Gemeinsam sind ihnen allerdings die Wirkung der ätherischen Öle und die daraus resultierende antibakterielle Eigenschaft. Die im Gewürz enthaltenen Cumarinverbindungen wirken entzündungshemmend und werden aufgrund ihrer blutgerinnungshemmenden Wirkung gerne zur Vorbeugung von Thrombose angewendet.

Salbei

„Wie kann ein Mann sterben, der Salbei in seinem Garten hat?", fragte sich einst Avicenna, einer der größten Ärzte des Mittelalters, zu Recht. Allein der Name (salvare = heilen) weist auf die gesundheitsfördernden Substanzen des Salbeis hin. Die heutige Wissenschaft bezeichnet das auch in Rosmarin und Thymian enthaltene Carnosol als wichtiges Antioxidans.

Kräuter- und Gewürzküche in der Praxis:

Die top Tipps von Thomas M. Walkensteiner

Woran erkenne ich beim Kräuter- und Gewürz-Einkauf gute Qualität?

Kräuter müssen immer taufrisch, klein, jung, zart, knackig und leuchtend in der Farbe sein.

Leicht angewelkte Kräuter entfalten sehr rasch wieder ihr volles Volumen und ihre Spannkraft, wenn man sie gezupft in lauwarmes Wasser einlegt.

Wie lagere ich Kräuter und Gewürze optimal? Wie auf keinen Fall?

Frische Kräuter lagert man am besten kühl in einer Frischhaltebox (nicht unter 5 °C) in feuchtes Küchenkrepp eingewickelt.

Gewürze und getrocknete Kräuter sollte man immer kühl, dunkel, trocken und vor allem luftdicht aufbewahren.

Wie verhält es sich mit dem Unterschied zwischen dem Mitkochen von Kräutern und Gewürzen und einer Verwendung beim fast fertigen Gericht?

Die oft zu hörende Empfehlung, Kräuter erst unmittelbar vor dem Servieren in eine Speise zu geben, hat nur bedingt Gültigkeit. Der Gedanke an sich ist richtig, denn Kräuter verlieren durch längeres Erhitzen einen Großteil ihrer ätherischen Öle. Am besten ist deshalb, frische, junge, zarte Kräuterblätter und Triebe für die spätere Vollendung des Gerichts abzuzupfen, feucht zuzudecken und kühl zu stellen. Stängel und die restlichen Kräuter hingegen kann man schon beim Ansetzen einer Sauce oder eines Gerichtes mitverwenden. Kurz vor dem Anrichten nimmt man sie wieder heraus und vollendet mit den zuvor beiseitegelegten jungen Kräutern.

Um es auf den Punkt zu bringen: Mitgekochte Kräuter verleihen Gerichten einen besonderen Geschmack, der mit der abschließenden Beigabe frischer Kräuter zur Vollendung gebracht wird.

Gibt es Kräuter und Gewürze, die Hitze oder auch andere Stoffe (z.B. Fett) benötigen, um ihren Geschmack zu entfalten?

Fett und Öle sind die Hauptgeschmacksträger in der Küche und in einer Aromaküche daher von ganz grundsätzlicher Bedeutung.

Insbesondere Gewürze wie Sternanis, Kardamom, Piment oder Gewürzmischungen wie die verschiedenen Currys entfalten durch behutsames Rösten unter ständigem Rühren ein ganz besonders kräftiges, intensives Aroma, wie es ohne Rösten bei weiten nicht erreicht wird.

Ingwer, Galgant und auch Knoblauch verlieren durch leichtes Anschwitzen in etwas aufschäumendem Honig ihre Schärfe und entwickeln ein feines, rundes und vor allem bekömmliches Aroma.

Wie sieht es mit den Unterschieden zwischen frischen, getrockneten und tiefgekühlten Kräutern aus?

Die beste Qualität ist und bleibt das frische, junge Kraut. Tiefgekühlte und getrocknete Kräuter sind vor allem im Winter eine gute Alternative, bleiben aber kulinarisch und medizinisch betrachtet zweite Wahl.

Beim Kauf von getrockneten Kräutern empfiehlt es sich, bevorzugt auf gefriergetrocknete Kräuter zurückzugreifen, da sie aromatischer sind.

Ihr ganz persönlicher Tipp für den optimalen Einsatz von Kräutern und Gewürzen in der Küche?

Experimentieren Sie mit verschiedensten Gewürzen und Kräutern, verwenden Sie immer wieder einmal auch neue, unbekannte, das gibt wunderbare Geschmackserlebnisse!

Gehen Sie mit Salz sehr sorgsam um, dadurch verleihen Sie Kräutern und Gewürzen mehr Aroma.

VORSPEISEN

Zubereitung

Für die Olivenöl-Emulsion Tomatenklarsaft auf kleiner Flamme leicht erwärmen, etwas Pfeffer sowie Basilikum dazugeben und zugedeckt an einem warmen Platz für ca. 1 Stunde marinieren lassen.

Ansatz durch ein feines Nylonsieb gießen, mit etwas Meersalz und Muscovadozucker leicht würzen und mit etwas Xantana leicht abbinden.

Anschließend mit beiden Olivenölsorten mit einem Stabmixer zu einer feinen Emulsion aufmontieren, mit etwas feinem Abrieb und etwas frisch gepresstem Zitronensaft abschmecken sowie gegebenenfalls mit Meersalz aromatisch abschmecken.

Passe-Pierre-Algen an den Enden und Spitzen gut säubern, mit kaltem Wasser gut abwaschen und unmittelbar vor dem Anrichten in einer bereits vorgewärmten, beschichteten Pfanne mit einigen Tropfen Olivenöl kurz anschwitzen, ohne dass sie Farbe bekommen.

Büffelmozzarella mit Olivenöl-Emulsion, Ofentomaten, griechischem Basilikum und Passe-Pierre-Algen anrichten.

Zutaten für 4 Personen

250 ml Tomatenklarsaft
weißer Kaveri-Pfeffer
3 Basilikumzweige
Maldon Meersalz
Muscovadozucker
Xantana zum Binden
75 ml Olivenöl „L'Aspromontano"
40 ml Veronelli Olivenöl der Sorte N° 1
Zitronenabrieb und -saft
120 g Passe Pierre
Olivenöl zum Anschwitzen
8 kleine Büffelmozzarella
12 getrocknete Ofentomaten
griechisches Basilikum

Büffelmozzarella und Tomate „einmal anders"

mit Olivenöl-Emulsion und griechischem Basilikum

Barbarie-Entenbrustscheiben

mit Bulgur-Minze-Salat und Kumquats-Chutney

Zutaten für 4 Personen

BARBARIE-ENTE

2 Barbarie-Entenbrüste (bevorzugt weiblich)
weißer Pfeffer aus der Mühle
1 EL Erdnussöl
1 Rosmarinzweig
Orangengewürzsalz

BULGUR-MINZE-SALAT

90 ml kräftiger Geflügelfond
100 ml frisch gepresster Orangensaft
½ Zimtstange
1 Petersilienzweig
1 Basilikumzweig
Maldon Meersalz
90 g Bulgur
Pinienkernöl
2 kleine, in feine Würfel geschnittene
blanchierte Schalotten
3 EL geröstete Pinienkerne
1 Bund frische Minze
weißer Pfeffer aus der Mühle
etwas Zitronensaft
Leinöl

150 g Kumquats-Chutney (siehe Seite 173)

Zubereitung

Barbarie-Entenbrüste mit kaltem Wasser abwaschen und mit Küchenkrepp trocken tupfen. Sehnen entfernen, Haut mit einem scharfen Messer hauchdünn in Karomuster einschneiden und mit etwas weißem Pfeffer aus der Mühle würzen.

In einer vorgewärmten Pfanne mit etwas Erdnussöl und Rosmarin auf der Innenseite leicht Farbe gebend kurz anbraten. Wenden, auf der Hautseite ebenfalls leicht Farbe gebend kurz anbraten.

Aus der Pfanne nehmen und im Backofen bei 120°C für ca. 15 bis 20 Minuten rosa ziehen lassen, die Kerntemperatur sollte 52 °C betragen. Aus dem Ofen nehmen, in eine Alufolie wickeln und an einem warmen Ort für 15 Minuten rasten lassen.

Zum Anrichten in hauchdünne Scheiben schneiden und mit Orangengewürzsalz vollenden.

Für den Bulgur-Minze-Salat Geflügelfond zusammen mit frisch gepresstem Orangensaft, Zimt, Petersilie, Basilikum und etwas Meersalz zum Kochen bringen. Bulgur mit etwas Pinienkernöl und Schalotten in einer Sauteuse ohne Farbe zu geben glasig angehen lassen. Vom Feuer nehmen, mit dem warmen Orangen-Geflügelfond übergießen, mit einer Folie bedecken und an einem nicht zu kühlen Ort für ca. gut 3 Stunden ziehen lassen.

Abschließend Petersilie, Basilikum sowie Zimtrinde aus dem gequollenen, bereits kalten Bulgur entfernen. Mit grob gehackten Pinienkernen, fein gehackter Minze, Pfeffer, Maldon Meersalz sowie einigen Spritzern Zitronensaft würzen, mit einigen Tropfen Leinöl und Minzespitzen vollenden.

Mein Tipp

Bulgur gibt es in verschiedenen Größen, ich bevorzuge eher größere Sorten.

Bulgur ist sehr sättigend; bereits eine kleine Menge reicht aus, um den Magen zu füllen und das bei sehr wenigen Kalorien. Eine ideale Speise also auch im Zusammenhang mit Diäten!

Zubereitung

Für das Pistou Zitronengras in ganz feine Streifen und Ringe schneiden. Mit Noilly Prat, weißem Portwein und 50 ml Wasser kurz zum Kochen bringen, mit einer Klarsichtfolie abdecken und über 12 Stunden an einem nicht zu kalten Ort ziehen lassen.

Ansatz durch ein feines Nylonsieb gießen, mit Meersalz, Muscovadozucker, einem Hauch feinem Limettenabrieb und weißem Kaveri-Pfeffer würzen und mit einigen Tropfen Balsamicoessig, Limettensaft, Traubenkern- und Pinienkernöl aufarbeiten, abschmecken und mit etwas in sehr feine Ringe geschnittenem Zitronengras und fein gehackter Zitronenverbene vollenden.

Für den Hummer in einem passenden Topf reichlich Wasser mit den Gewürzen zum Kochen bringen. Gummiringe an den Scheren entfernen. Hummer mit dem Kopf zuerst ins kochende Wasser einlegen, aufkochen lassen und Hummer auf kleiner Flamme darin für rund 6 Minuten ziehen lassen (Hummer hat eine Garzeit von rund 1 Minute pro 100 g Lebendgewicht).

Hummer aus dem Wasser nehmen, Scheren abbrechen und zum Nachgaren nochmals für 2 Minuten im heißen Fond ziehen lassen. Hummer in gesalzenem Eiswasser abschrecken.

Um den Hummer auszubrechen, erst den Schwanz vom Körper abdrehen. Dann mit Händedruck die Karkasse brechen und das Fleisch entnehmen. Darm entfernen, Hummer halbieren und beiseite legen. Scheren mit einem Messer anschlagen, so dass der Panzer aufbricht. Scherenfleisch entnehmen.

Hummer in Medaillons schneiden, auf Tellern halbkreisförmig anrichten. Reichlich mit Pistou nappieren und lauwarm mit Kräutern und Frisée servieren.

Zutaten für 4 Personen

HUMMER

2 Hummer à ca. 600 g (bevorzug aus der Bretagne)
2 EL Fenchelsaat
2 EL ganzer Kümmel
etwas Dille
1 Lorbeerblatt
Meersalz

ZITRONENGRAS-PISTOU

4 frische Zitronengrasstängel
70 g Noilly Prat
70 g weißer Portwein
Maldon Meersalz
Muscovadozucker
1 Limette
weißer Kaveri-Pfeffer
milder, weißer Balsamicoessig
50 g Traubenkernöl
40 g Pinienkernöl
etwas Zitronenverbene

GARNITUR

frische Kräuter und Wildkräuter,
z.B. Schafgarbe, Rotklee, Zitronenverbene,
Koriander, Borretsch, Kerbel, Thaibasilikum, Dill
etwas gelber, feiner Frisée

Bretonischer Hummer

mit Wildkräutern und Zitronengras-Pistou

Zutaten für 4 Personen

16 frische Jakobsmuscheln in der Schale
2 kleine, reife Mangos (bevorzugt Thai-Mango)
25 g frische Ingwerwurzel
1 EL Honig
Maldon Meersalz
Koriander aus der Mühle
2 EL frisch geröstete Pinienkerne
1 TL Sansho-Bergpfeffer
1 unbehandelte Limette
Veronelli Olivenöl der Sorte Nocellara
Koriander-Zitronengras-Pesto (siehe Seite 174)

GARNITUR

feiner gelber Frisée
etwas Koriandergrün

Carpaccio von der Jakobsmuschel

mit Mango und Koriander

Zubereitung

Zum Auslösen Jakobsmuscheln mit der flachen Seite nach oben auf eine Arbeitsfläche legen und mit einem Küchentuch festhalten. Die Klinge eines spitzen Messers odcr Austernmessers an der flachen Seite entlang führen, damit der Schließmuskel durchgeschnitten wird.

Flache Schale abheben, Muschel rundherum auslösen. Sand sorgfältig mit kaltem, fließendem Wasser abspülen. Das weiße Muskelfleisch, die Nuss, vorsichtig vom orangefarbenen Rogen, dem Corail, trennen. Den ungenießbaren, halbmondförmigen Anhang vom Fleisch abschneiden und alle dunklen Teile sowie den grauen „Bart" entfernen.

Jakobsmuschelfleisch mit einem scharfen Messer in dünne Scheiben schneiden, auf die Teller auflegen und kühlstellen.

Mangos schälen, entkernen und einen Teil in 16 gleichmäßige ca. 1½ cm große Würfel schneiden. Bis zur weiteren Verwendung mit einer Frischhaltefolie zugedeckt zu Seite stellen.

Fein geschnittenen Ingwer zusammen mit dem Honig in einer Sauteuse unter ständigem Rühren leicht karamellisieren. Restliche Mango dazugeben, einmal kurz zum Kochen bringen, mit einem Hauch Maldon Meersalz und Koriander würzen, vom Feuer nehmen und kurz ziehen lassen. Mangomasse in einer Moulinette zu feinem Püree verarbeiten.

Unmittelbar vor dem Servieren rohe Jakobsmuschelscheiben mit grob gehackten Pinienkernen, einem Hauch Sansho-Bergpfeffer, ein wenig frischem Limettenschalenabrieb, einigen Tropfen Limettensaft sowie ein wenig Maldon Meersalz bestreuen und würzen. Mit Olivenöl parfümieren. Mit Koriander-Zitronengras-Pesto anrichten und garnieren.

Mein Tipp

Dieses Gericht ist ein erfrischendes und sehr leichtes Sommergericht. Anstatt der Jakobsmuscheln kann es auch sehr gut mit frischem Thunfisch, Wildlachs, Lachsforelle oder Saibling zubereitet werden.

Gebratene Gänseleber

mit glacierten Kirschen und Mango-Limetten-Jus

Zubereitung

Gänselebermedaillons beidseitig mit einem Hauch Ras el Hanout würzen und in eine gut gewärmte, beschichtete Pfanne mit einigen Tropfen Erdnussöl einlegen. Kurz anbraten, wenden und für einige Minuten im Backofen bei ca. 160 °C garen.

Gänseleber aus dem Ofen nehmen, auf einem Küchenkrepp trocken tupfen, mit etwas Maldon Meersalz würzen und anrichten.

Kirschsaft mit Pimentkörnern und Sternanis zum Kochen bringen und leicht reduzierend einkochen lassen. Die entkernten und halbierten Herzkirschen einlegen, durchschwenken, kurz aufkochen lassen, leicht mit etwas Kartoffelstärke abziehen. Vom Feuer nehmen, zugedeckt einige Minuten ziehen lassen und erst unmittelbar vor dem Anrichten mit kalter Butter aufmontieren.

Mango-Passionsfrucht-Saft zusammen mit Yuzu-Pulver, Sansho-Bergpfeffer, Maldon Meersalz und Langem Pfeffer in einer Sauteuse auf kleiner Flamme auf ein Drittel reduzieren. Ein Viertel der Limettenschale mit einem Sparschäler hauchdünn abschälen (nur das Grüne), mit frisch gepresstem Limettensaft beigeben. Nochmals kurz aufkochen, vom Feuer nehmen und zugedeckt 4 Stunden ziehen lassen.

Abschließend Fond durch ein feines Sieb gießen, nochmals kurz zum Kochen bringen und mit Walnussöl aufmixen.

Zutaten für 4 Personen

GÄNSELEBER

4 Gänsestopfleber-Medaillons à 50 g
Ras el Hanout (marokkanische Gewürzmischung)
etwas Erdnussöl
Maldon Meersalz

KIRSCHEN

100 ml Kirschsaft
2 Pimentkörner
1 Sternanis
20 frische Herzkirschen
etwas Kartoffelstärke
10 g kalte Butter zum Montieren

MANGO-LIMETTEN-SAUCE

400 ml Mango-Passionsfrucht-Saft
½ TL Yuzu-Pulver
1 Msp. Sansho-Bergpfeffer
etwas Maldon Meersalz
3 Stk. grob zerstoßener Langer Pfeffer
1 unbehandelte Limette
2 EL Walnussöl

Zutaten für 4 Personen

MAISHUHN UND DUKKA

40 g Maishuhnfilet
200 g Maishühnerfarce (siehe Seite 165)
Maldon Meersalz
Pfeffer aus der Mühle
Spritzer Thai-Fischsauce
1 TL fein geschnittener Estragon
40 g Dukka
Pankobrösel
Öl zum Backen
4 Herzkirschen
4 Wassermelonenwürfel als Garnitur

KALTSCHALE

1,4 kg Wassermelone
250 ml Herzkirschenpüree
etwas Honig
brauner Mauritiuszucker
Maldon Meersalz
Xantana zum Binden
Wodka zum Verfeinern
Schuss Prosecco oder Sekt
Veronelli-Olivenöl der Sorte Casaliva
von Gianfranco Comincioli

frisch gezupfte Estragonspitzen zum Garnieren

Zubereitung

Fein gehacktes Maishuhnfilet mit Geflügelfarce vorsichtig glattrühren, mit Meersalz, weißem Pfeffer, einem Spritzer Thai-Fischsauce, Estragon und Dukka zu einer geschmeidigen Masse verarbeiten.

Masse in 8 gleichmäßig große Teile aufteilen, diese zu runden Bällchen drehen. Kurz vor dem Servieren in Pankobröseln panieren und in 170 °C heißem Öl goldgelb ausbacken.

Für die Kaltschale Fruchtfleisch der Wassermelone aus der Schale lösen, Kerne entfernen, lediglich das rote Fruchtfleisch wird verwendet.

500 g Fruchtfleisch zusammen mit dem Herzkirschen-Püree mit etwas Honig, braunem Mauritiuszucker und etwas Maldon Meersalz würzen und mit einem Stabmixer zu feinem Püree verarbeiten. Anschließend mit etwas Xantana leicht binden, auf Eis stellen und mit Wodka und einem Schuss Prosecco oder Sekt verfeinern. Mit einigen Tropfen Veronelli-Olivenöl der Sorte Casaliva von Gianfranco Comincioli und frisch gezupften Estragonspitzen vollenden.

Tipp

Wer pikante Schärfe schätzt, fügt eine halbe Chilischote hinzu.

Kaltschale von Wassermelonen

und Herzkirschen
mit Estragon-Maishuhn und Dukka

Zutaten für 4 Personen

GEBEIZTE LACHSFORELLE

50 g Sternanis
10 g Kümmel
5 g Thymian
6 g Lorbeerblätter
10 g Fenchelsamen
5 g weiße Pfefferkörner
40 g Muscovadozucker
50 g Meersalz
500 g Lachsforellenfilets
15 ml Olivenöl

GARNITUR

Saiblingskaviar
feiner, gelber Frisée
Kräuter

ROSA INGWERGELEE

50 g Saft von rosa Ingwer (eingelegter Ingwer)
50 g Mirin
2,5 Blatt Gelatine

ZITRONENMARINADE

1 unbehandelte Zitrone
etwas brauner Rohrzucker
Maldon Meersalz
weißer Pfeffer aus der Mühle
Koriander aus der Mühle
3 EL hochwertiges Olivenöl

Zubereitung

Sternanis, Kümmel, Thymian, Lorbeerblätter, Fenchelsamen und weiße Pfefferkörner in einer kleinen, beschichteten Pfanne unter ständigem Schwenken leicht rösten. Leicht überkühlen lassen, in einer Moulinette grob zerkleinern und mit Muscovadozucker und Meersalz zu Beize verarbeiten.

Lachsforellenfilet mit der Beizmischung bestreuen, Olivenöl darüber träufeln, mit Folie abdecken und 24 Stunden im Kühlschrank beizen.

Aus der Beize nehmen, Gewürze behutsam abschaben. Filet von der Haut abziehen und zu Tatar verarbeiten. Tatar in Form bringen und im Ofen bei ca. 40 °C langsam und behutsam erwärmen.

Für das Ingwergelee Ingwersaft und Mirin in einem kleinen Topf erwärmen. In kaltem Wasser eingeweichte Blattgelatine beigeben und auflösen. In eine Form gießen, in der die Geleemasse ca. ½ cm hoch eingefüllt werden kann. Geleemasse zum Erstarren in den Kühlschrank stellen.

Für die Marinade etwas feinen Abrieb und den Saft der Zitrone mit braunem Rohrzucker, Maldon Meersalz, weißem Pfeffer und etwas Koriander aus der Mühle vermengen. Mit hochwertigem Olivenöl zu einer erfrischenden Marinade verarbeiten.

Lauwarmes Tatar von der gebeizten Lachsforelle

mit Gelee von rosa Ingwer

Marinierter gebratener Albacore Thunfisch

mit Navetten, Kombu-Algen und Zitronenmelisse

Zutaten für 4 Personen

ALBACORE THUNFISCH

500 g Filet vom Albacore Thunfisch
30 ml süße Sojasauce
40 ml salzige Sojasauce
etwas frisches Koriandergrün
20 g frischer Ingwer
weißer Pfeffer aus der Mühle
etwas weißer und schwarzer Sesam
Olivenöl zum Braten
Maldon Meersalz
Veronelli-Olivenöl der Sorte Casaliva zum Vollenden

MARINADE

75 g Pinienkernöl
20 g Schalotten
10 g rosa Ingwer
85 g salzige Sojasauce
20 g süße Sojasauce
30 g Apfelsaftreduktion
1 g Maldon Meersalz
7 g Mauritiuszucker
30 g Limettensaft
Maizena zum Binden
Zitronenmelisse

NAVETTEN UND KOMBU-ALGEN

1 kleines Stück getrocknete Kombu-Algen (ca. 2 EL)
300 g junge Navetten
1 unbehandelte Limette
Maldon Meersalz
weißer Pfeffer aus der Mühle
Veronelli-Olivenöl der Sorte Casaliva zum Vollenden
4 junge Zitronenmelissenzweige

Zubereitung

Die über Nacht in kaltem Wasser eingeweichten Kombu-Algen in leicht kochendem, ungesalzenem Wasser ca. 5 Minuten auf kleiner Flamme köcheln lassen, abschrecken und in ca. 1 mm große und gleichmäßige Würfel schneiden.

Navetten schälen und in ca. 2 mm große und gleichmäßige Würfel schneiden. Mit den Kombu-Algen, etwas feinem Limettenabrieb, einigen Tropfen Limettensaft, Maldon Meersalz und einem Hauch weißem Pfeffer würzen. 1 Stunde an einem nicht zu kühlen Ort marinieren lassen.

Kurz vor dem Anrichten noch mit einigen Tropfen Olivenöl der Sorte Casaliva und fein geschnittener Zitronenmelisse vollenden.

Für die Marinade in einem mittleren Topf 2 Esslöffel Pinienkernöl mit den fein geschnittenen Schalotten und dem rosa Ingwer leicht und ohne Farbe zu geben anschwitzen.

Sojasaucen, Apfelsaftreduktion, Maldon Meersalz, Mauritiuszucker, Limettensaft und Maizena beigeben, rasch zum Kochen bringen und unter ständigem Rühren 1 Minute leise köcheln lassen. Alles in einem Mixbecher zu einer feinen Masse pürieren, mit dem restlichen Pinienkernöl aufmixen und durch ein feines Passiersieb streichen.

Thunfischfilet in ca. 2 cm breite und hohe sowie ca. 12 cm lange Streifen schneiden und mit süßer und salziger Sojasauce, frisch gehacktem Koriandergrün, fein geschnittenem Ingwer und einem Hauch frisch gemahlenem Pfeffer marinieren. Mit einer Klarsichtfolie abdecken und ca. 1 Stunde an einem nicht zu kühlen Ort ziehen lassen.

Thunfischstreifen vorsichtig trocken tupfen und in einem Gemisch aus weißem und schwarzem Sesam wälzen. Etwas Olivenöl in einer Pfanne erhitzen, Thunfischfilet auf allen Seiten kurz und heiß anbraten. Filets auf einem feinen Gitter in den auf 50 °C vorgeheizten Ofen schieben und ca. 10 Minuten ziehen lassen. Das Filet sollte immer noch glasig, saftig und nur leicht lauwarm sein.

Thunfisch in gleichmäßige Stücke schneiden, mit etwas Maldon Meersalz würzen, auf dem Navetten-Kombu-Algen-Ragout anrichten und mit einigen Tropfen Veronelli-Olivenöl der Sorte Casaliva parfümieren.

Zutaten für 4 Personen

WILDLACHS

2 EL Sancho Bergpfeffer
2 EL Rosa Pfeffer
2 EL tasmanischer Bergpfeffer
50 g Muscovadozucker
50 g Maldon Meersalz
500 g Wildlachsfilet
etwas Wasabipaste
Walnussöl

BASILIKUM-TOMATEN-HONIG

1 kg vollreife, aromatische Strauchtomaten
½ kg Pelati (ganze Dosentomaten)
2 Bd. Basilikum
100 g feiner brauner Rohrzucker
Maldon Meersalz
1 EL Pektin
2 EL Staubzucker
1 Chilischote
etwas frisch gepresster Zitronensaft

GARNITUR

Rotklee
rote und grüne Shisokresse
Frisée

Zubereitung

Strauchtomaten von der Rispe befreien, gut waschen, mit einem kleinen Messer den Strunk entfernen. Tomaten in kleine Stücke schneiden und zusammen mit den Pelati-Tomaten in eine Schüssel geben. Basilikum, Rohrzucker und etwas Maldon Meersalz dazugeben und mit einem Stabmixer fein pürieren.

Tomatenpüree in ein großes Passiertuch gießen und über Nacht an einem kühlen Ort so über einem Gefäß aufhängen, dass die abtropfende Flüssigkeit im Gefäß aufgefangen wird.

Chilischote halbieren, von den Kernen befreien und unter fließendem Wasser gut abwaschen. Pektin mit Staubzucker gut vermengen, in den Tomatensaft einrühren, Chili dazugeben und den Saft auf ein Viertel einreduzieren. Mit Zitronensaft verfeinern und kühlstellen.

Für das Wildlachsfilet die drei Pfeffersorten in einem Mörser vorsichtig zerstoßen und durch ein grobmaschiges Sieb seihen. Muscovadozucker und Maldon Meersalz dazugeben und vorsichtig zu einer Pfeffer-Gewürzmischung vermengen.

Wildlachsfilet unter kaltem Wasser gut abwaschen, auf Küchenkrepp trocken tupfen und die Gräten herauszupfen. Filet hauchdünn mit Wasabipaste einreiben, behutsam mit der Pfeffermischung belegen, mit einigen Tropfen Walnussöl beträufeln, mit einer Frischhaltefolie bedecken und zum Marinieren an einem nicht zu kühlen Ort für ca. 12 Stunden ziehen lassen.

Wildlachs unmittelbar vor dem Servieren in gleichmäßig dicke Scheiben schneiden, anrichten und garnieren.

Roh marinierter Wildlachs

mit aromatischer Pfeffermischung,
Basilikum-Tomaten-Honig,
Rotklee und Kresse

Zutaten für 4 Personen

MILCHKALBSTAFELSPITZ

1 kleiner Kalbstafelspitz vom Biomilchkalb
2 Knoblauchzehen
1 frischer Thymianzweige
2 frische Rosmarinzweige
Olivenöl
weißer Pfeffer aus der Mühle
Steinsalz

GEISTE TOMATEN-PAPRIKA-SUPPE

600 g Tomaten
350 g rote Paprika
½ Salatgurke
3 Petersilienzweige
2 Basilikumzweige
4 Knoblauchzehen
Maldon Meersalz
weißer Pfeffer aus der Mühle
etwas Zitronensaft
brauner Rohrzucker
1 EL Champagneressig
etwas Chili oder Tabasco
8 Blatt Gelatine pro Liter

GARNITUR

Gurkenspagetti
Paprikawürfel
frische Wildkräuter

Zubereitung

Kalbstafelspitz von der innenliegenden Silberhaut und Flachsen befreien und mit geschältem, halbiertem und vom Keim befreitem Knoblauch, grob abgerebeltem Thymian, grob geschnittenem Rosmarin, 2 Esslöffeln Olivenöl und weißem Pfeffer aus der Mühle würzen. Für ca. 30 Minuten an einem warmen Ort marinieren lassen.

Anschließend in einer vorgewärmten Pfanne mit etwas Olivenöl auf allen Seiten scharf, schön Farbe gebend anbraten und für ca. 15 bis 20 Minuten im auf 160 °C vorgewärmten Backrohr garen (Kerntemperatur ca. 50 °C).

Aus dem Backrohr nehmen, Ofen auf 75 °C runterkühlen lassen. Tafelspitz darin für ca. 2 Stunden auf Niedertemperatur ziehend garen. Aus dem Ofen nehmen, in einer Pfanne mit etwas Butter und den Kräutern unter ständigem Übergießen und Wenden gleichmäßig schön Farbe gebend arrosieren. Temperatur des Ofens auf 65 °C regulieren, Fleisch für weitere 90 Minuten garen und ziehen lassen. Aus dem Ofen nehmen, in Folie einwickeln und über Nacht abkühlen lassen.

Unmittelbar vor dem Servieren in hauchdünne Scheiben schneiden und auf der geeisten, gelierten Tomaten-Paprika-Suppe anrichten.

Für die geeiste Tomaten-Paprika-Suppe Tomaten, Paprika und Salatgurke gut waschen, Tomaten vom Strunk befreien, Paprika vierteln, entkernen und Salatgurke schälen. Alle Gemüsesorten entsaften und mit grob gehackten Kräutern, in Scheiben geschnittenem Knoblauch und den restlichen Zutaten (bis auf die Gelatineblätter) gut vermengen. Zugedeckt für mehrere Stunden an einem nicht zu kühlen Ort ziehen lassen.

In ein großes Passiertuch gießen und über Nacht an einem kühlen Ort über einem Gefäß so abhängen, dass die abtropfende Flüssigkeit vom Gefäß aufgefangen wird.

Klaren Gemüsefond leicht erwärmen, abschmecken, in kaltem Wasser eingeweichte Gelatine darin auflösen. In 4 tiefe Teller gießen und kühl stellen.

Rosa Tafelspitzscheiben vom Milchkalb

mit geeister Tomaten-Paprika-Suppe

Lauwarmer Salat von zweierlei Spargel

mit Spitzmorcheln, pochiertem Bauernei und Matcha-Bärlauch-Schaum

Mein Tipp

Anstatt der Morcheln eignen sich auch frische, fein gehobelte braune Champignons.

Dieser Schaum eignet sich ausgezeichnet zum Verfeinern von kalten Vorspeisen. Ich empfehle dafür die fertig aufgeschlagene Masse in ein kleines hohes Gefäß abzufüllen und mit einem warmen Löffel Nockerl auszustechen.

Zutaten für 4 Personen

MATCHA-BÄRLAUCH-SCHAUM

150 ml Tomatenklarsaft
½ EL Gin
2 Blatt Gelatine
2 TL Matchapulver
15 g fein gehackter frischer Bärlauch
Maldon Meersalz

ZWEIERLEI SPARGEL

8 Stangen weißer Solospargel
12 Stangen grüner Spargel
Maldon Meersalz
2 kleine Schalotten
etwas Olivenöl
140 g frische Spitzmorcheln
2 cl Madeira
feiner brauner Rohrzucker
1 unbehandelte Limette
Koriander aus der Mühle
frische Petersilie
frischer Kerbel
frischer Estragon
1 unbehandelte Zitrone

POCHIERTES EI

4 Eier
Weißweinessig
schwarzer Pfeffer aus der Mühle

Zubereitung

Für den Matcha-Bärlauch-Schaum ca. 100 ml Tomatensaft in einen eiskalten Rührkessel geben. Restliche 50 ml mit Gin in einen kleinen Topf geben, darin die in kaltem Wasser eingeweichte und gut ausgedrückte Gelatine leicht erwärmen und auflösen. Matchapulver und Bärlauch dazugeben, mit Meersalz leicht würzen. Zum restlichen Tomatenklarsaft geben und in der Rührmaschine auf hoher Stufe aufschlagen.

Sobald der so gewonnene Tomatenschaum die Konsistenz von steifgeschlagenem Eiweiß hat, Masse in 4 kleine Savarinformen streichen, mit Folie abdecken und im Kühlschrank anziehen lassen.

Weißen Spargel schälen und mit einem Sparschäler oder mit einer Aufschnittmaschine in hauchdünne, feine Spargelbänder schneiden.

Grünen Spargel nur in der unteren Hälfte schälen, in leicht gesalzenem, kochendem Wasser ca. 20 Sekunden bissfest blanchieren, sofort in Eiswasser abschrecken und auf einem Küchenkrepp trockenlegen.

Fein geschnittene und kurz blanchierte Schalotten in einer vorgewärmten, beschichteten Pfanne mit etwas Olivenöl leicht angehen lassen. Trocken geputzte und halbierte Spitzmorcheln darin kurz anschwitzen, mit Madeira ablöschen, kurz durchschwenken und in eine Schüssel geben.

Mit etwas braunem Rohrzucker, Limettenabrieb und -saft, Maldon Meersalz und Koriander würzen, mit etwas frisch gehackter Petersilie, Kerbel und Estragonspitzen vollenden.

Grünen und rohen weißen Spargel mit etwas Olivenöl, frischem Zitronenabrieb, Limettensaft sowie Meersalz marinieren.

Kurz vor dem Anrichten für die pochierten Eier Wasser mit etwas Weißweinessig zum Kochen bringen. Die bereits zuvor jedes für sich in eine kleine Tasse aufgeschlagenen Eier vorsichtig ins kochende Wasser gleiten lassen. Topf leicht vom Feuer nehmen, sodass die Eier nun für 3½–4 Minuten knapp unterm Siedepunkt ziehen können. Das Eiweiß muss fest sein, der Dotter hingegen noch flüssig.

Eier aus dem Wasser nehmen, auf einem Küchenkrepp abtropfen lassen, mit etwas frisch gemahlenem schwarzen Pfeffer und Maldon Meersalz würzen und eingehüllt in roh mariniertem Spargel auf dem Matcha-Bärlauch-Schaum anrichten.

Zutaten für 4 Personen

BEEFSTEAK À LA TATAR

200 g fettfreies zugeputztes Rindsfilet
5 fein gehackte Kapernblüten
3 Cornichons
2 EL fein gehackte ofengetrocknete Tomaten
1 kleine fein geschnittene blanchierte Schalotte
3 TL Ketchup
½ TL Dijonsenf
1 Prise Cayennepfeffer
1 Prise gemahlener Kümmel
1 Petersilienzweig
1 Basilikumzweig
1 Spritzer Worcestershiresauce
Spritzer Zitronensaft
1 EL Veronelli-Olivenöl der Sorte Raggiolo, Fèlsina,
Toskana
Maldon Meersalz
schwarzer Pfeffer aus der Mühle
Koriander aus der Mühle
1 EL Salbei-Petersilien-Pesto (siehe Seite 175)
2 EL Crème fraîche

AUBERGINE

1 kl. Aubergine
etwas Olivenöl
Maldon Meersalz
schwarzer Pfeffer aus der Mühle
1 Knoblauchzehe

ZIEGENKÄSE

120 g würziger Ziegenfrischkäse
etwas frischer Rosmarin

TOMATENGELEE

500 ml klarer Tomatenfond
1 Basilikumzweig
4 Blatt Gelatine

Zubereitung

Aubergine der Länge nach halbieren, Schnittfläche kreuzweise einschneiden, auf ein mit Backpapier belegtes Blech legen und mit Olivenöl bepinseln. Mit etwas Meersalz, schwarzem Pfeffer und dem in Scheiben geschnittenen Knoblauch leicht würzen.

Im vorgeheizten Backofen bei 190 °C etwa 40 Minuten garen. Knoblauch entfernen, das Fruchtfleisch aus der noch heißen Schale heben, auf dem Backpapier auflegen und zum Nachtrocknen nochmals für ca. 15 Minuten in den Ofen geben. Fein hacken und abkühlen lassen.

Rindsfilet, Kapernblüten und Cornichons fein hacken. Mit ofengetrockneten Tomaten und Schalotten in eine Schüssel geben und mit Ketchup, Dijonsenf, Cayennepfeffer, Kümmel, fein gehackter Petersilie, fein gehacktem Basilikum, Worcestershiresauce, Zitronensaft und Olivenöl kräftig verrühren. Mit Maldon Meersalz, etwas schwarzem Pfeffer und Koriander würzig und pikant abschmecken.

Für die Garnitur Salbei-Petersilien-Pesto mit Crème fraîche glattrühren. Für das Gelee Tomatenfond mit Basilikum auf die Hälfte reduzieren, durch ein feines Passiersieb seihen, in kaltem Wasser eingeweichte und ausgepresste Gelatine darin auflösen. Als Geleespiegel in 4 Teller eingießen.

Zum Anrichten in 6 cm hohe Metallringe mit 5 cm Durchmesser zunächst ein Drittel hoch mit etwas frisch gehacktem Rosmarin verfeinerten Ziegenfrischkäse, dann zwei Drittel hoch Tatar einfüllen, darauf das Tomatengelee setzen. Mit einem Nockerl Auberginentatar vollenden und die Ringe behutsam abziehen.

Törtchen vom pikanten Beefsteak à la Tatar

mit Auberginentatar, Ziegenkäse, Tomatengelee und Salbeicreme

Wassermelonen-Salat

mit pikantem Dukka-Zanderspieß und Minze

Zutaten für 4 Personen

ZANDERSPIESS

350 g Zanderfilet
Maldon Meersalz
schwarzer Pfeffer aus der Mühle
40 g Dukka
Olivenöl zum Braten

WASSERMELONENSALAT

1,4 kg Wassermelone
2 EL Honig
1 Schalotte
½ Chilischote
20 g frischer, junger Ingwer
2 unbehandelte Limetten
Maldon Meersalz
4 Minzezweige
6 feinwürfelig geschnittene Korianderblätter

Olivenöl zum Vollenden

Zubereitung

Fruchtfleisch der Wassermelone aus der Schale lösen, Kerne entfernen, lediglich das rote Fruchtfleisch wird verwendet. 500 g Fruchtfleisch in gleichmäßige, 1 cm große Würfel schneiden und bis zur weiteren Verwendung kühl stellen.

Restliches Fruchtfleisch (ca. 250 g) mit dem Honig mit einem Pürierstab fein mixen. Schalotte schälen, in feine Würfel schneiden und in wallend kochendem Wasser kurz blanchieren, abschrecken und abtropfen lassen.

Chilischote der Länge nach halbieren, entkernen, unter fließendem Wasser abwaschen, in feine Würfel schneiden und in einem Sieb mit heißem Wasser abschwemmen. Ingwer schälen und in kleine, feine Würfel schneiden.

Melonenpüree mit Schalotten, Chiliwürfeln, Ingwer und Wassermelonenwürfeln leicht verrühren, mit einem Hauch feinem Limettenabrieb, Saft von 1 ½ Limetten und etwas Meersalz würzen und zugedeckt 1 Stunde im Kühlschrank marinieren.

Zanderfilet unter fließend kaltem Wasser gut abwaschen, auf einem Küchenkrepp trocken tupfen, entgräten und vorsichtig mit einem scharfen Messer die Haut abziehen. In ca. 3 cm große Würfel schneiden, leicht salzen, pfeffern, in Dukka wälzen und die Gewürzmischung leicht an die Fischwürfel andrücken.

Zanderwürfel auf 4 Holz- oder Metallspieße stecken und in einer vorgewärmten, beschichteten Pfanne bei mittlerer Hitze in Olivenöl von allen Seiten goldgelb kross anbraten.

Spieße auf Küchenkrepp abtupfen und anrichten. Melonenkaltschale nochmals durchrühren, mit frisch gezupfter Minze und Koriandergrün verfeinern, anrichten und zum Schluss mit einigen Tropfen Olivenöl vollenden.

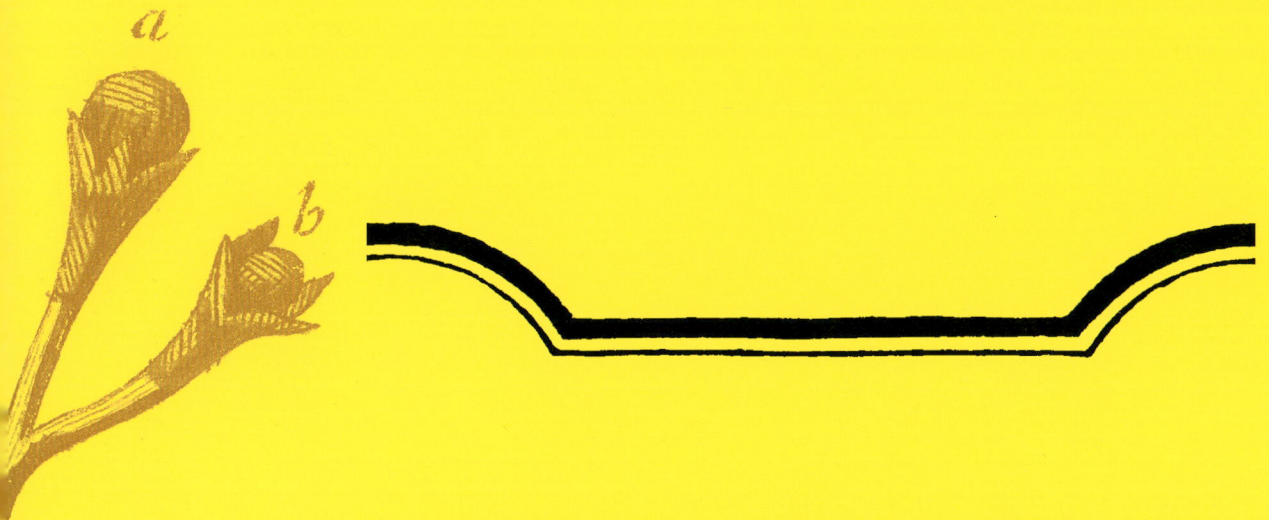

SUPPEN

Zutaten für 4 Personen

BRUNNENKRESSE-SUPPE

2 kleine Schalotten
40 g Lauch
750 g Brunnenkresse
Maldon Meersalz
2 EL Walnussöl
100 ml Weißwein
100 ml Noilly Prat
400 ml Hühnerfond
1 Lorbeerblatt
1 Thymianzweig
1 Msp. gemahlener Kardamom
weißer Pfeffer aus der Mühle
Muskat
Saft von ½ Zitrone
1 kleine mehlige Kartoffel
250 ml Kokosmilch

GEBACKENES MAISHUHN

60 g fein gehackte Maishühnerbrust
4 EL Geflügelfarce (siehe Seite 165)
Maldon Meersalz
weißer Pfeffer aus der Mühle
etwas frisch gehacktes Basilikumgrün
1 unbehandelte Limette
1 Ei
Pankobrösel zum Panieren
Erdnussöl zum Ausbacken

Brunnenkresse-Schaumsuppe

mit gebackenem Maishuhn

Zubereitung

Schalotten schälen und in feine Streifen schneiden, Lauch mit kaltem Wasser gut abwaschen und ebenfalls in feine Streifen schneiden. Brunnenkresse gut waschen, gut 150 g Grün für später beiseite geben, den Rest grob zusammenschneiden.

Die 150 g Brunnenkressegrün in gut kochendem Salzwasser 5 Sekunden blanchieren, in Eiswasser abschrecken, gut auspressen, in einer Moulinette zu einer feinen Paste verarbeiten und bis zur weiteren Verwendung mit einer Alufolie bedeckt lichtgeschützt kühl stellen.

Walnussöl in einem Topf leicht erwärmen, Schalotten, Lauch und geschnittene Brunnenkresse darin kurz farblos angehen lassen. Mit Weißwein und Noilly Prat ablöschen und gut zur Hälfte einkochen lassen. Mit entfettetem Hühnerfond aufgießen, Lorbeerblatt und Thymianzweig dazugeben und ein weiteres Mal aufkochen lassen.

Mit Kardamom, Meersalz, weißem Pfeffer sowie etwas frisch geriebener Muskatnuss würzen. Zitronensaft beigeben, mit Backpapier abdecken und ca. 1 Stunde am Siedepunkt ziehen lassen.

Lorbeerblatt und Thymianzweig aus dem Suppenansatz nehmen, Suppe mit einem Pürierstab leicht anmixen, ein wenig rohe Kartoffel zur Bindung hineinreiben, nochmals aufkochen lassen und weitere 30 Minuten am Herd leicht köchelnd ziehen lassen.

Suppe durch ein feines Passiersieb gießen, zusammen mit der Kokosmilch nochmals zum Kochen bringen. Mit einem Pürierstab die Brunnenkressepaste in die heiße Suppe einmontieren, eventuell mit einigen Tropfen Zitronensaft und Meersalz abschmecken.

Fein gehacktes Maishuhn mit Geflügelfarce vorsichtig glattrühren, mit Meersalz, weißem Pfeffer, fein gehacktem Basilikum sowie ein wenig frisch geriebener Limettenschale und einigen Tropfen Limettensaft würzen und abschmecken. Masse in 12 gleichmäßig große Teile aufteilen, diese zu runden Bällchen drehen.

Maishuhnbällchen kurz vor dem Servieren in Ei und Pankobröseln panieren und in 150 °C heißem Erdnussöl goldgelb ausbacken.

Zutaten für 4 Personen

SPARGELSUPPE

400 g frischer weißer Spargel
2 Schalotten
1 Lorbeerblatt
1 Sternanis
1 Nelke
etwas brauner Rohrzucker
2 EL Walnussöl
50 ml Noilly Prat
50 ml Weißwein
250 ml kräftiger Geflügelfond
100 ml Kokosmilch
1 mehlige, rohe Kartoffel
etwas frisch gepresster Zitronensaft
Maldon Meersalz
Koriander aus der Mühle
Muskatnuss
Cayennepfeffer

GRÜNTEESCHAUM

100 ml Kokosmilch
1 EL Walnussöl
etwas Matchapulver

Cappuccino
von weißem Spargel und Grüntee

Zubereitung

Spargel schälen, Spitzen abschneiden und beiseite geben, restlichen Spargel klein schneiden. Schalotten schälen und in feine Würfel schneiden. Spargel mit Schalotten, Lorbeerblatt, Sternanis, Nelke und Rohrzucker im Walnussöl leicht glasig ohne Farbe zu geben anschwitzen. Mit Noilly Prat und Weißwein ablöschen, zum Kochen bringen und auf die Hälfte der Flüssigkeit reduzieren. Mit Geflügelfond aufgießen und am Siedepunkt dünsten lassen, bis der Spargel weich ist.

Kokosmilch aufgießen, abermals zum Kochen bringen, mit ein wenig frisch geriebener, roher Kartoffel abziehen, Nelke und Sternanis entfernen, mit einem Pürierstab fein mixen und durch ein Passiersieb seihen.

Spargelsuppe mit Zitronensaft, Meersalz sowie etwas Koriander, einem Hauch Muskatnuss und einer Prise Cayennepfeffer abschmecken.

Für die Einlage die rohen Spargelspitzen in feine ½ cm große Würfel schneiden, in einer kleinen vorgewärmten Pfanne mit etwas Walnussöl scharf leicht Farbe gebend schwenken und extra mit der Suppe anrichten.

Für den Grünteeschaum Kokosmilch mit Walnussöl auf ca. 80 °C erwärmen, Matchapulver dazugeben und mit einem Stabmixer zu einem festen Schaum mixen. Schaum abschöpfen und wie bei einem Cappuccino obenauf auf die Suppe geben.

Karotten-Ingwer-Sternanis-Cremesuppe

mit Zander-Pflanzerln

*Zutaten* für 4 Personen

SUPPE

1 Schalotte
250 g junge, süße Karotten
2 EL Haselnussöl
½ in feine Würfel geschnittene Knoblauchzehe
25 g geschälter und in feine Würfel geschnittener
frischer Ingwer
1 in feine Scheiben geschnittener Zitronengrasstängel
4 Sternanis
2 Kardamomkapseln
30 g Palmzucker (oder brauner Rohrzucker)
50 ml Weißwein
50 ml Noilly Prat
250 ml kräftiger Geflügelfond
350 ml frisch gepresster Karottensaft
3 Kaffirlimettenblätter
Thai-Fischsauce
Maldon Meersalz
weißer Pfeffer aus der Mühle
1 Lorbeerblatt
eventuell etwas Chilischote
200 ml Kokosmilch
1 unbehandelte Limette

ZANDER-PFLANZERL

100 g enthäutetes grätenfreies Zanderfilet
½ Kaffirlimettenblätter
Thai-Fischsauce
weißer Pfeffer aus der Mühle
Erdnussöl

Zubereitung

Schalotte schälen und in feine Würfel schneiden. Karotten gut waschen, ebenfalls schälen und in feine Scheiben schneiden. Schalotten, Karotten, Haselnussöl und Knoblauch in einem Topf bei mäßiger Hitze langsam glasig anschwitzen, Ingwer, Zitronengras, Sternanis, Kardamomkapseln sowie Palmzucker beigeben und nochmals ohne Farbe zu geben anschwitzen.

Mit Weißwein und Noilly Prat ablöschen, solange reduzierend einkochen, bis die Flüssigkeit fast gänzlich verkocht ist.

Mit Geflügelfond und frisch gepresstem Karottensaft aufgießen und zum Kochen bringen. Kaffirlimettenblätter dazugeben, mit einigen Spritzern Thai-Fischsauce, etwas Meersalz, weißem Pfeffer aus der Mühle, Lorbeerblatt und – wenn Sie es leicht pikant lieben – etwas Chilischote würzen. Zugedeckt ca. 30 Minuten auf kleiner Flamme leise schmoren lassen.

Lorbeerblatt, Kaffirblätter, Sternanis sowie Kardamomkapseln entfernen, Suppe mit einem Pürierstab fein pürieren und durch ein feines Sieb passieren. Mit Kokosmilch vermengen, zum Kochen bringen, auf die gewünschte Konsistenz reduzieren. Abschmecken, mit etwas frisch gepresstem Limettensaft vollenden und kurz vor dem Servieren mit einem Stabmixer frisch aufschäumen.

Zanderfilet mit kaltem Wasser abwaschen, mit Küchenkrepp trocken tupfen und zu feinem Tatar hacken. Mit sehr fein gehacktem Kaffirblatt, etwas Thai-Fischsauce und weißem Pfeffer vermengen und pikant abschmecken.

Masse in 4 gleich große Laibchen formen und in etwas Erdnussöl beidseitig knusprig anbraten. Mit der frisch aufgeschäumten Suppe anrichten.

Gazpacho

pikante Gemüsekaltschale
mit Ziegenkäsebällchen

Zutaten für 4 Personen

GAZPACHO

3 Knoblauchzehen
200 g rote Zwiebeln
2 EL Olivenöl
2 EL Tomatenmark
100 ml kräftiger Geflügelfond
300 g Olivetti-Tomaten
250 g Freilandgurke
250 rote Spitzpaprika
100 g Fenchelknolle
2 Chilischoten
1 Thymianzweig
10 kleine frische Minzblätter
1 Bd. Basilikum
2 EL alter Sherryessig
2 Zitronen
Maldon Meersalz
weißer Pfeffer aus der Mühle
1 EL Honig

ZIEGENKÄSEBÄLLCHEN

2 Scheiben Pumpernickel
150 g Ziegenfrischkäse
½ EL fein gehackte Minze
½ EL fein gehacktes Basilikum
Maldon Meersalz

Zubereitung

Knoblauchzehen und Zwiebeln schälen, in feine Würfel schneiden und in einer Pfanne mit Olivenöl ohne Farbe zu geben anschwitzen. Tomatenmark dazugeben und mit Geflügelfond aufgießen. Kurz zum Kochen bringen, vom Feuer nehmen und etwas ziehen lassen.

Tomaten waschen, Strunk entfernen, Gurke schälen, der Länge nach halbieren und entkernen, Paprika halbieren, entkernen, gut waschen. Fenchel schälen. Alle Gemüsesorten in ca. 1 cm große Würfel schneiden und in einen größeren Topf geben.

Chilischoten der Länge nach halbieren, Kerngehäuse entfernen, Schoten unter fließend kaltem Wasser gut abwaschen. In feine Würfel schneiden und mit gezupftem Thymian, gezupfter Minze, gezupftem Basilikum, Sherryessig, einem Hauch feinem Zitronenabrieb und Saft von 2 Zitronen zum Gemüse geben.

Knoblauch-Zwiebel-Ansatz dazugeben, mit Meersalz, weißem Pfeffer und Honig würzen. Im Standmixer oder mit dem Pürierstab pürieren und würzig abschmecken. Anschließend ca. 4 bis 6 Stunden im Kühlschrank durchkühlen lassen und passieren.

Pumpernickel etwas zerbröseln und im Backofen bei 120 °C ca. 30 Minuten trocknen. Aus dem Ofen nehmen und zu mittelfeinen Bröseln mahlen. Ziegenkäse mit einer Gabel leicht zerdrücken, mit frisch gehackten Kräutern, eventuell etwas Meersalz und einem Hauch Pfeffer abschmecken. 12 gleichmäßig große Kugeln formen und durch die Pumpernickelbrösel drehen.

Kraftsuppe vom Perlhuhn

mit Basilikum-Tortellini und Gemüseperlen

Perlhuhn unter fließend kaltem Wasser gut abwaschen, mit einem Küchenkrepp trocken tupfen und auslösen. Brüste beiseite geben, Keulen sowie Karkasse fein zusammenschneiden bzw. zusammenhacken und mit etwas Distelöl in einem Topf schön Farbe gebend anrösten.

Grob geschnittene Schalotten und Tomatenmark beigeben und unter ständigem Rühren vorsichtig weiterrösten. Sobald das Tomatenmark eine schöne, bräunliche Farbe hat, mit Rotwein ablöschen, mit Geflügelfond aufgießen und auf kleiner Flamme ca. 1 ½ Stunden am Siedepunkt ziehen lassen, dabei den aufsteigenden grauen Schaum zwischendurch mit einem Schaumlöffel abschöpfen. Vom Feuer nehmen, durch ein feines Passiersieb seihen und kalt stellen.

Karotten, Gelbe Rübe, Petersilienwurzel sowie Knollensellerie gut waschen, schälen und zusammen mit den knochenfreien Perlhuhnbrüsten durch den Fleischwolf drehen (mittlere Scheibe).

Äußere Blätter der Lauchstange entfernen, unter fließendem kaltem Wasser waschen, mit den Tomaten in ca. ½ cm große Stücke schneiden und zum Faschierten geben. Gewürze, Kräuter und einige Eiswürfel dazugeben, mit etwas Meersalz würzen und mit dem Eiweiß gut vermengen (= Klärfleisch).

Klärfleisch unter die fettfreie, kalte Suppe mengen, auf großer Flamme unter ständigem Rühren mit einer Bratschaufel zum Sieden bringen. Vorsicht, das Klärfleisch setzt sich gerne am Boden an. Ca. 2 Stunden am Siedepunkt ziehen lassen, durch ein Passiertuch oder ein feines Haarsieb seihen und abschmecken.

Nudelteig auf einer bemehlten Unterlage mit den Handballen gleichmäßig platt drücken und mit der Nudelmaschine (falls nicht vorhanden mit einem Rollholz) hauchdünn ausrollen. Mit verquirltem Ei bepinseln.

Basilikumblätter fein zusammenschneiden und unter die Hühnerfarce mengen. In einen Dressiersack füllen, nebeneinander Tupfen auf den Nudelteig spritzen, dabei unbedingt genügend Abstand einhalten. Mit einem Ausstecher mit ca. 7 cm Durchmesser ausstechen, Teig auf einen Halbkreis zusammenfalten.

Teig auf der runden Seite leicht nach oben drehen, die Teigspitzen nach vorne biegen, mit den Fingerspitzen fest zusammendrücken, fertige Tortellini auf ein leicht bemehltes Brett legen und bis zum Kochen mit einem Tuch zudecken.

Kurz vor den Servieren die Basilikum-Tortellini in leicht wallendem, gesalzenem Wasser 4–6 Minuten kochen.

Tipp

Mit einem Schuss altem Sherry oder Madeira lässt sich die Perlhuhn-Kraftsuppe ausgezeichnet verfeinern.

Zutaten für 4 Personen

KRAFTSUPPE

1 Perlhuhn
etwas Distelöl
2 Schalotten
1 EL Tomatenmark
100 ml kräftiger Rotwein
2 l Geflügelfond
2 Karotten
1 kleine Gelbe Rübe
1 Petersilienwurzel
50 g Knollensellerie
½ Lauchstange
2 Tomaten
1 Knoblauchzehe
5 Korianderkörner
5 weiße Pfefferkörner
1 Lorbeerblatt
3 Wacholderbeeren
1 Petersilienzweig
3 Basilikumzweige
einige Eiswürfel
Maldon Meersalz
5 Eiweiß

BASILIKUM-TORTELLINI

100 g Kurkuma-Nudelteig (siehe Seite 171)
Mehl zum Bemehlen
1 Ei
6 Basilikumblätter
120 g Hühnerfarce (siehe Seite 165)

EINLAGE

Gemüseperlen aus Karotten,
Gelben Rüben, Sellerie und Zucchini

Miso-Suppe mit Seidentofu,

Wakame-Algen und Sansho-Bergpfeffer

Zubereitung

Wakame-Algen in feine Streifen schneiden und
mit weißem und schwarzem Sesam, 1 EL Sesamöl
und ein wenig Maldon Meersalz marinieren.

Seiden-Tofu in gleichmäßig große Würfel schneiden.
Frühlingszwiebeln gut waschen, trocken tupfen und die
hellen und dunkelgrünen Teile getrennt voneinander
in Ringe schneiden. Enoki-Pilze in einer Länge von
ca. 6 bis 7 cm vom Strunk abschneiden und die
einzelnen Pilzfäden vorsichtig voneinander lösen.

Dashi-Brühe erhitzen, Misopaste zusammen mit
restlichem Sesamöl mit einem Schneebesen einrühren.

Sojasprossen gut waschen, zusammen mit den
marinierten Wakame-Algen und den hellen
Frühlingszwiebeln in die Suppe geben und kurz bissfest
garen. Nach 3 Minuten Tofu, Enoki-Pilze, Tamari sowie
Mirin hinzugeben, nochmals kurz erwärmen, eventuell
noch mit etwas Meersalz würzen und anrichten.

Rettich schälen, fein reiben, mit den dunkelgrünen
Frühlingszwiebelringen in die Suppe geben und
mit einem Hauch Sansho-Bergpfeffer verfeinern.

Als Garnitur obenauf mit leicht zerbröselter
Nori-Alge bestreuen und mit aus halbierten
und entkernten Chilis fein geschnittenen,
frisch frittierten Chilifäden vollenden.

Tipp

Während der gesamten Zubereitung darf die
Suppe niemals wirklich kochen, sie sollte immer
nur gerade so am Siedepunkt dahinziehen.

Zutaten für 4 Personen

<u>MISO-SUPPE</u>

60 g Wakame-Algen
etwas weiße und schwarze Sesamkörner
3 EL Sesamöl
Maldon Meersalz
200 g Seiden-Tofu
4 Frühlingszwiebeln
200 g Enoki-Pilze
700 ml Dashi-Brühe
60 g Misopaste
80 g Sojasprossen
2 EL Tamari
50 ml Mirin
70 g Rettich
Sansho-Bergpfeffer

<u>GARNITUR</u>

1 Nori-Algenblatt
2 rote Chilischoten
Fett zum Frittieren

Schaumsuppe von Äpfeln

und Roten Rüben mit
Entenbrust-Rosmarin-Strudel

Zutaten für 4 Personen

SCHAUMSUPPE

200 g Rote Rüben
200 g Boskop-Äpfel (süßer, fein-säuerlicher Apfel)
2 kleine, geschälte, fein geschnittene und blanchierte
Schalotten
30 g Walnussöl
125 ml Weißwein
125 ml Noilly Prat
330 ml Geflügelfond
200 ml frisch gepresster Apfelsaft
1 Lorbeerblatt
1 Thymianzweig
weißer Pfeffer aus der Mühle
1 TL Kreuzkümmel
200 g Kokosmilch
100 ml Rote-Rüben-Saft
Maldon Meersalz
Rote-Rüben- und Apfelperlen als Einlage

ENTENBRUST-ROSMARIN-STRUDEL

130 g geräucherte Entenbrust
3 Schalotten
2 EL Walnussöl
1 Rosmarinzweig
2 EL süße Sojasauce
Maldon Meersalz
weißer Pfeffer aus der Mühle
8 auf ca. 11 x 11 cm zugeschnittene
Strudelteig-Blätter
2 EL Maisstärke
Rapsöl zum Einpinseln

Zubereitung

Rote Rüben schälen und in ca. ½ cm große Würfel schneiden. Äpfel ebenfalls schälen, entkernen und in Würfel schneiden. Rote-Rüben-Würfel mit Äpfeln und Schalotten in Walnussöl langsam auf kleiner Flamme glasig angehen lassen, mit Weißwein und Noilly Prat ablöschen und auf die Hälfte reduzieren lassen.

Mit Fond und Apfelsaft aufgießen, aufkochen lassen und ca. 1 ½ Stunden am Siedepunkt ziehen lassen. Lorbeerblatt, Thymian, etwas frisch gemahlenen Pfeffer sowie Kreuzkümmel beigeben und weitere 15 Minuten ziehen lassen.

Kräuter aus dem Suppenansatz nehmen, mit einem Pürierstab fein mixen, durch ein feines Haarsieb passieren und in einem Topf ein weiteres Mal zum Kochen bringen. Kokosmilch und Rote-Rüben-Saft beigeben, zum Kochen bringen, salzen und kurz vor dem Servieren mit einem Stabmixer aufschäumen.

Entenbrust von der Haut befreien und in ca. 1 mm dicke Würfel schneiden oder durch die mittlere Scheibe des Fleischwolfs drehen. Schalotten schälen und ebenfalls in ganz feine Würfel schneiden.

Walnussöl in einer Pfanne bei mittlerer Temperatur erhitzen, fein geschnittene Schalotten und Entenbrustfleisch zufügen und unter ständigem Rühren leicht Farbe gebend anschwitzen. Rosmarinnadeln abzupfen, fein hacken, mit der Sojasauce beigeben, kurz durchmischen und mit etwas Meersalz sowie weißem Pfeffer aus der Mühle pikant abschmecken.

Teigblätter voneinander lösen, auf die Arbeitsfläche legen und mit einem feuchten Küchentuch bedecken. Stärke mit 3 EL Wasser verrühren, Ränder mit Stärkemehl-Wasser-Mischung anfeuchten. Eine Ecke in die Mitte legen und darauf 1 Esslöffel Füllung geben. Seitliche Ecken über die Füllung schlagen und von unten aufrollen.

Ränder mit Stärkemehl-Wasser-Mischung einstreichen und gut andrücken. Mit der Naht nach unten auf ein Brett legen und mit einem feuchten Küchentuch bedecken. Mit den restlichen Teigblättern ebenso verfahren.

Mit Rapsöl vorsichtig einpinseln, auf ein mit Backpapier ausgelegtes Backblech legen und im bereits auf 220 °C vorgewärmten Backofen goldgelb backen.

Weißer Auszug von Tomaten und Junglauch

mit Ziegenkäse-Basilikum-Nockerln

Zubereitung

Strunk der Tomaten mit einem kleinen Messer entfernen. Tomaten und Junglauch mit kaltem Wasser gut abwaschen und in mittelgroße Stücke schneiden. Schalotte schälen, fein schneiden, mit Tomaten und Junglauch in einer Kasserolle mit etwas Olivenöl und in Scheiben geschnittenem Knoblauch ohne Farbe zu geben anschwitzen.

Lorbeer dazugeben und mit Weißwein, Noilly Prat und weißem Portwein ablöschen. Kurz aufkochen und mit Tomatenfond aufgießen. Suppenansatz ein weiteres Mal zum Kochen bringen, Temperatur so regulieren, dass die Suppe gerade am Siedepunkt dahin zieht.

Während des Kochvorgangs, der etwa 2 Stunden dauern sollte, Suppe mit einem Backpapier bedecken. Kurz vor Garende geschälte Kartoffel in die Suppe reiben und nochmals für einige Minuten köcheln lassen. Anschließend durch ein feines Sieb passieren, mit Kokosmilch aufgießen und ein letztes Mal zum Kochen bringen. Mit Meersalz, Koriander und etwas weißem Pfeffer aus der Mühle würzen und mit einem Pürierstab schaumig aufmixen.

Ziegenfrischkäse glattrühren, mit Meersalz, einem Hauch Muskatnuss und weißem Pfeffer würzen, mit den restlichen Nockerlzutaten zu einer glatten Masse verarbeiten.

Sofort mit 2 Dessertlöffeln Nockerl formen und abgedeckt ca. ½ Stunde im Kühlschrank rasten lassen. Nockerl unmittelbar vor dem Anrichten in gesalzenes, leicht kochendes Wasser einlegen und für ca. 10 Minuten am Siedepunkt ziehen lassen.

Zutaten für 4 Personen

TOMATEN-JUNGLAUCH-SUPPE

5 vollreife, aromatische Tomaten
2 Junglauch
1 Schalotte
etwas Olivenöl
1 Knoblauchzehe
2 Lorbeerblätter
½ l trockener Weißwein
6 cl Noilly Prat
6 cl Weißer Portwein
½ l Tomatenfond
1 kleine rohe, mehlige Kartoffel
¼ l Kokosmilch
Maldon Meersalz
Koriander aus der Mühle
weißer Pfeffer aus der Mühle

ZIEGENKÄSE-BASILIKUM-NOCKERL

60 g Ziegenfrischkäse
Meersalz
Muskatnuss
weißer Pfeffer aus der Mühle
2 in dünne Streifen geschnittene Basilikumblätter
½ EL Olivenöl
1 EL Pinienkerne, fein gehackt
30 g Weißbrotbrösel
1 Eigelb
1 EL Grieß

VEGETARISCH

Zubereitung

Geschälte Schalotten in feine Würfel schneiden, in Olivenöl anschwitzen, Lorbeer, Thymian, Basilikum, zerdrückte Knoblauchzehe sowie Risottoreis beigeben. Nochmals kurz alle Zutaten miteinander vermengen und glasig angehen lassen.

Mit ca. der Hälfte des Weißweines ablöschen, Weißwein unter ständigem Schwenken reduzieren, bis er fast zur Gänze eingekocht ist. Diesen Vorgang einmal wiederholen. Dann noch dreimal mit je ca. 150 ml kräftigem, kochendem Geflügelfond unter ständigem Schwenken fortführen.

Risotto-Ansatz auf ein Butterbrotpapier geben, flach verteilen, überkühlen lassen; vor dem Weiterverarbeiten Kräuter und Knoblauch entfernen.

Kurz vor dem Anrichten restlichen Geflügelfond in einer beschichteten Sauteuse zum Kochen bringen. Risotto einrühren, vorsichtig reduzieren lassen und mit etwas Meersalz, weißem Pfeffer und Koriander würzen. Unmittelbar vor dem Servieren Risotto mit der Bärlauchpaste aufmontieren, mit einigen Tropfen Olivenöl verfeinern, vom Feuer nehmen und frisch geriebenen Käse unterziehen.

Morcheln trocken putzen, darauf achten, dass sie nicht sandig sind. Mit den Schalotten in einer erwärmten beschichteten Pfanne mit Haselnussöl rasch ansautieren, mit Madeira ablösen, mit Meersalz würzen, mit Petersilie verfeinern und anrichten.

Spargel gut waschen, trocken tupfen und in etwas Haselnussöl in einer heißen Pfanne kurz angehen lassen. Mit etwas Meersalz und einem Hauch Muscovadozucker würzen.

Tomatenklarsaft mit Noilly Prat und Kokosmilch auf 100 ml reduzieren, eventuell noch mit etwas Meersalz nachwürzen und mit einem Stabmixer unter Einträufeln des Haselnussöles aufschäumen.

Mein Tipp

Das Risotto soll cremig und dickflüssig sein und darf nach der Käsebeigabe nicht mehr aufgekocht werden.

Zutaten für 4 Personen

BÄRLAUCHRISOTTO

2 Schalotten
etwas Olivenöl
1 frisches Lorbeerblatt
½ Thymianzweig
1 Basilikumzweig
1 Knoblauchzehe
150 g Risottoreis (bevorzugt Avorio oder Vialone Nano)
300 ml Weißwein
650 ml Geflügelfond
Maldon Meersalz
weißer Pfeffer aus der Mühle
Koriander aus der Mühle
150 g Bärlauchpaste (siehe Seite 181)
etwas frisch geriebener alter Bergkäse oder Pecorino

MORCHELN UND JUNGER, GRÜNER SPARGEL

300 g frische Morcheln
1 EL fein geschnittene Schalotten
etwas Haselnussöl
4 cl Madeira
Maldon Meersalz
½ EL fein gehackte Petersilie
200 g frischer junger grüner Spargel
Muscovadozucker

WEISSER TOMATENSCHAUM

300 ml Tomatenklarsaft
6 cl Noilly Prat
250 ml Kokosmilch
Maldon Meersalz
2 EL Haselnussöl

GARNITUR

frischer Kerbel

Bärlauchrisotto

mit jungem Grünspargel,
Morcheln und Tomatenschaum

Gebratener roh marinierter Solospargel

mit Koriander-Hollandaise und gebackenem Bauernei

Zutaten für 4 Personen

SOLOSPARGEL

Salz
heller Rohrzucker
1 Zitrone
24 Stangen Solospargel
1 trockene Semmel
etwas Olivenöl
1 Limette
Maldon Meersalz
2 EL Rapsöl
Kerbel zum Garnieren

KORIANDER-HOLLANDAISE

125 ml Weißwein
125 ml Geflügel- oder Spargelfond
1 kleine Schalotte
5 weiße Pfefferkörner
1 Lorbeerblatt
Maldon Meersalz
5 Eigelb
1 unbehandelte Zitrone
320 ml Walnussöl
40 ml Leinöl
1 Prise Cayennepfeffer
1 Bd. Koriandergrün

GEBACKENES BAUERNEI

5 Eier
2 cl Essig
Salz
weißer Pfeffer aus der Mühle
Mehl zum Mehlieren
50 g Weißbrotbrösel
Rapsöl zum Backen

Zubereitung

Einen großen Topf Wasser zum Kochen bringen, mit Salz, etwas hellem Rohrzucker und Saft einer Zitrone würzen.

Solospargel sorgfältig schälen, 12 Stangen mit der Semmel in den kochenden Fond einlegen, kurz zum Kochen bringen, vom Feuer nehmen. Zugedeckt 10 Minuten im Fond ziehen lassen. Aus dem heißen Fond nehmen und mit einem feuchten Tuch zudecken.

Restliche 12 Spargelstangen mit einem Sparschäler in hauchdünne, feine, rohe Spargelbänder schneiden. Unmittelbar vor dem Servieren mit etwas Olivenöl, frischem Abrieb und etwas Saft einer Limette sowie etwas Meersalz marinieren.

Kurz vor dem Servieren Enden des gekochten Spargel leicht abschneiden und den Spargel in einer beschichteten Pfanne unter ständigem Schwenken mit Rapsöl und ein wenig Rohrzucker leicht Farbe gebend anbraten und leicht karamellisieren.

Für die Hollandaise Weißwein mit Fond, geschälter und in feine Streifen geschnittener Schalotte, Pfefferkörnern, Lorbeerblatt und ein wenig Meersalz zum Kochen bringen und auf 50 ml reduzieren lassen.

Reduktion durch ein feines Passiersieb seihen und mit Eigelb, einem Hauch frischem Zitronenabrieb sowie dem Saft einer halben Zitrone über Wasserdampf schaumig schlagen. Walnussöl-Leinöl-Gemisch unter fortwährendem Schlagen langsam beigeben, mit etwas Meersalz und Cayennepfeffer würzen und mit frisch gehacktem Koriandergrün vollenden.

Für die gebackenen Bauerneier 1 Ei verquirlen und beiseite stellen. 4 Eier in Essigwasser 4 ½ Minuten kochen, herausnehmen und in Eiswasser abschrecken. Vorsichtig schälen, mit Salz und Pfeffer würzen, leicht mehlieren. Durch verquirltes Ei ziehen und in Weißbrotbröseln wälzen. Rapsöl erhitzen und die Eier darin schwimmend goldgelb ausbacken.

Zubereitung

Bulgur in ein feines Sieb geben und mit kaltem Wasser gut abwaschen. Gut abtropfen lassen, auf ein Backpapier geben, ausbreiten und ca. 15 Minuten antrocknen lassen.

Fein geschnittene Schalotten und etwas Olivenöl zusammen mit der leicht angedrückten Knoblauchzehe in einer beschichteten, tiefen Sauteuse ohne Farbe zu geben anschwitzen. Bulgur, Lorbeerblatt und einige Basilikumstängel dazugeben, kurz durchschwenken, mit Weißwein ablöschen, kurz aufkochen, mit Pfeffer und Meersalz würzen und mit Tomatenfond aufgießen. Auf kleiner Flamme zugedeckt ca. 5 Minuten köcheln lassen, vom Feuer nehmen und zugedeckt weitere 20 Minuten ziehen lassen.

Für das Paprikafondue fein geschnittene Schalotten mit der leicht angedrückten Knoblauchzehe, Sternanis und etwas Olivenöl in einer tieferen Kasserolle ohne Farbe zu geben anschwitzen, mit Noilly Prat ablöschen und reduzieren. Mit frischgepresstem Paprikasaft sowie klarem Tomatenfond aufgießen, etwas Basilikum dazugeben und auf kleiner Flamme auf ca. 250 ml reduzieren lassen.

Sternanis sowie Basilikumblätter aus dem Fondue entfernen, mit einem Stabmixer fein pürieren, Tomatenwürfel beigeben und zur Vollendung mit Muscovadozucker, Meersalz sowie Pfeffer und Koriander aus der Mühle abschmecken und verfeinern.

Minipaprika mit kaltem Wasser gut abwaschen, mit Küchenkrepp trocken tupfen, mit Olivenöl und gerebeltem Thymian einreiben, auf ein mit Backpapier ausgelegtes Blech legen und im auf 200 °C vorgewärmten Backofen ca. 8–12 Minuten vorgaren.

Aus dem Ofen nehmen, Stiel vorsichtig entfernen und beiseite legen, Schoten in noch heißem Zustand schälen. 4 kleine Basilikumherzen als Garnierung zur Seite geben. Vorgegarten Bulgur mit reichlich frisch gehacktem Basilikum, den vorbereiteten Chillies, etwas frisch geriebener Zitronenschale und einigen Tropfen Zitronensaft gut vermengen und abschmecken, in einen Dressiersack füllen, Paprika damit füllen.

Paprikafondue in eine feuerfeste Form gießen, gefüllte Paprika darauf platzieren und für ca. 15 Minuten im auf 180 °C vorgewärmten Backofen fertiggaren.

Zutaten für 4 Personen

PAPRIKA

12 Minipaprika (bevorzugt gelb)
etwas Olivenöl
1 Thymianzweig
100 g frisches Basilikum
etwas Chilifäden zum Garnieren

BULGUR

75 g Bulgur
1 Schalotte
Olivenöl
1 Knoblauchzehe
1 Lorbeerblatt
frisches Basilikum
30 ml trockener Weißwein
weißer Pfeffer aus der Mühle
Maldon Meersalz
150 ml klarer Tomatenfond
1–2 halbierte, entkernte und in feine Würfel geschnittene rote Chilischoten
1 unbehandelte Zitrone

PAPRIKAFONDUE

2 in feine Würfel geschnittene Schalotten
1 Knoblauchzehe
2 Sternanis
etwas Olivenöl
100 ml Noilly Prat
Saft von 3 roten gewaschenen, geviertelten, entkernten Paprika
100 ml klarer Tomatenfond
2 Basilikumzweige
150 g Tomatenwürfel
Muscovadozucker
Meersalz
weißer Pfeffer aus der Mühle
Koriander aus der Mühle

Gefüllte Minipaprika

mit Bulgur, Basilikum und Chili

Salbei-Spinat-Tascherl

mit Ziegenfrischkäse und Artischocken

Zubereitung

Blattspinat gut waschen, in kochendem, leicht gesalzenem Wasser kurz blanchieren und in Eiswasser abschrecken. Aus dem Eiswasser nehmen, gut ausdrücken und fein hacken.

Fein geschnittene Schalotte in etwas Olivenöl glasig angeschwitzten, in feine Streifen geschnittene Salbeiblätter beigeben, kurz einmal durchschwenken und zum Spinat geben.

Mit dem Ziegenfrischkäse vermischen und mit Steinsalz, frisch gemahlenem weißem Pfeffer, Muskatnuss und Koriander zu einer würzigen Fülle abschmecken.

Nudelteig in 2 Teile schneiden, auf bemehlter Unterlage mit den Handballen gleichmäßig plattdrücken und mit der Nudelmaschine (falls nicht vorhanden mit einem Rollholz) hauchdünn ausrollen. Mit verquirltem Eigelb bepinseln.

Füllung mit einem Dressiersack nebeneinander mit entsprechendem Abstand auf den einen Teil des Nudelteigs spritzen. Mit dem zweiten Teil Nudelteig bedecken. Teig leicht andrücken, mit einem Messer in Vierecke schneiden, Ränder gut zusammendrücken, auf ein leicht bemehltes Brett legen und mit einem Tuch zudecken.

Salbei-Spinat-Tascherl kurz vor dem Servieren in leicht wallendem Salzwasser 6–8 Minuten kochen. Aus dem Wasser nehmen und in einer bereits vorgewärmten, beschichteten Pfanne mit etwas Olivenöl leicht Farbe gebend durchschwenken.

Zugeputzte Artischockenböden halbieren, in gleichmäßige kleine Ecken schneiden und in einer vorgewärmten, beschichteten Pfanne mit Olivenöl und Knoblauch unter ständigem Schwenken leicht Farbe gebend anbraten. Kurz vor dem Anrichten Knoblauchzehe entfernen, Tomatenwürfel beigeben, kurz durchschwenken und mit Maldon Meersalz sowie etwas Pfeffer würzen und abschmecken.

Artischockengemüse auf Tellern anrichten, auf Küchenkrepp abgetropfte Salbei-Spinat-Tascherl darauf platzieren, mit knusprigen Salbeiblättern sowie frisch geriebenem Pecorino bestreuen und mit einigen Tropfen Veronelli-Olivenöl der Sorte Frantoio, Madonna delle Vittorie, Trentino, parfümieren und vollenden.

Zutaten für 4 Personen

SALBEI-SPINAT-TASCHERL

300 g frischer, junger Blattspinat
Salz
1 Schalotte
Olivenöl zum Anschwitzen und Durchschwenken
etwas frischer Salbei
150 g Ziegenfrischkäse
Steinsalz
weißer Pfeffer aus der Mühle
Muskatnuss
Koriander aus der Mühle
Kurkuma-Nudelteig (siehe Seite 171)
Mehl zum Arbeiten
1 Eigelb
2 EL Veronelli-Olivenöl der Sorte
Frantoio, Madonna delle Vittorie, Trentino

ARTISCHOCKENGEMÜSE

4 Artischocken
etwas Olivenöl
1 geschälte, leicht angedrückte Knoblauchzehe
150 g Tomatenwürfel
Maldon Meersalz
weißer Pfeffer aus der Mühle

GARNITUR

20 in Olivenöl leicht knusprig gebratene
kleine Salbeiblätter
etwas frisch geriebener Pecorino

300 ml Dashi-Brühe
5 EL Tamari
4 EL Mirin
2 TL Rohrzucker
250 g weißer Rettich
Maldon Meersalz
1 EL Sesamöl
2 EL Rapsöl
250 g Soba-Nudeln
1 Blatt Nori-Algen
etwas Wasabi
6 cl Ketjap Manis
4 Frühlingszwiebeln

Soba-Nudeln

mit Tamari, Algen, weißem Rettich und Frühlingszwiebeln

Zubereitung

Dashi-Brühe mit Tamari, Mirin und braunem Rohrzucker zum Kochen bringen, Zucker auflösen. Vom Feuer nehmen und zugedeckt mindestens 6 Stunden, am besten über Nacht, bei Zimmertemperatur durchziehen lassen. Rettich schälen, mit einem Raffeleisen fein reiben, mit einem Hauch Meersalz und Sesamöl abmischen.

Frühlingszwiebeln gut waschen, trocken tupfen und in feine Ringe schneiden. In einem großen Topf 3 Liter Wasser mit Rapsöl zum Kochen bringen. Soba-Nudeln hineingeben. Sobald das Nudelwasser wieder zu kochen beginnt, ⅛ Liter kaltes Wasser zugießen. Wenn das Wasser wieder zu kochen beginnt, Vorgang weitere 3 bis 4 Mal wiederholen.

Nudeln in einem Nudelsieb abgießen, mit kaltem Wasser kurz abschrecken, gut abtropfen und entweder kalt oder warm mit zerbröselten Nori-Algen bestreuen und servieren. Tamari-Dipsauce sowie weißen Rettich, Wasabi, Ketjap Manis und Frühlingszwiebeln dazu reichen.

Mein Tipp

Soba ist das japanische Wort für Buchweizen und bezeichnet gleichzeitig auch die aus Buchweizenmehl hergestellten Nudeln. Soba-Nudeln werden je nach Jahreszeit entweder warm oder kalt gegessen.

Die Zugabe von kaltem Wasser verhindert, dass die Nudeln schwammig werden.

FISCH

Zubereitung

Flusskrebse in mit etwas Salz, Kümmel und Fenchelsaat gewürztes, wallend kochendes Wasser geben, vom Feuer nehmen und für ca. knapp 1 Minute darin ziehen lassen. Sofort in Eiswasser abschrecken.

Für das Ausbrechen der Krebse am Kopf festhalten, Krebsschwanz vorsichtig nach links und rechts drücken, um ihn dann vorsichtig herauszudrehen. Schale behutsam vom Krebsschwanz lösen, Darm entfernen. Um die Krebsscheren auszubrechen, Scheren im ersten Gelenk abtrennen. Scherenrücken mit einem kleinen Messer vorsichtig aufschneiden und Scherenfleisch aus dem Panzer lösen. Dabei darauf achten, dass sich das dünne Scherenblatt aus der Schere löst.

Für den Mandarinen-Sternanis-Fond Schalotten in einer Sauteuse mit Walnussöl, Sternanis, Fenchelsaat und Ras el Hanout ohne Farbe zu geben anschwitzen, mit Weißwein, Noilly Prat und Pernod ablöschen und kurz aufkochen. Mit Fischfond aufgießen und auf mittlerer Flamme auf ein Drittel reduzieren.

Grob zerschnittene Basilikumblätter sowie Mandarinensaft beigeben und nochmals auf ein Drittel reduzieren. Sauce mit etwas fein geriebener, mehliger Kartoffel leicht abziehen, kurz nochmals köcheln lassen, vom Herd ziehen und zugedeckt nochmals ca. 20 Minuten marinieren lassen.

Sauce nochmals aufkochen, durch ein feines Nylonsieb passieren, mit Maldon Meersalz und Mauritiuszucker leicht süßlich vollenden und abschmecken. Flusskrebse kurz vor dem Servieren mit fein geschnittenem Basilikum im heißen Fond wärmen.

Spargel nur in der unteren Hälfte schälen, in leicht gesalzenem Wasser ca. 5 Sekunden blanchieren, sofort in Eiswasser abschrecken und auf Küchenkrepp trocken legen. Oberes Drittel des Spargels abschneiden und zur Seite legen, unteren Teil in ca. ½ cm dicke, schräge Scheiben schneiden.

Spargel in einer beschichteten Pfanne mit Rohrzucker, Meersalz, Geflügelfond und Walnussöl unter ständigem Schwenken sautieren, bis die Flüssigkeit verdampft ist, der Zucker leicht zu karamellisieren beginnt und der Spargel leichte Röstaromen annimmt.

Zutaten für 4 Personen

FLUSSKREBSE

24 Flusskrebse
Salz
2 EL ganzer Kümmel
2 EL Fenchelsaat
Dillspitzen zur Garnitur

MANDARINEN-STERNANIS-FOND

140 g fein geschnittene und blanchierte Schalotten
etwas Walnussöl
6 Sternanis
1 TL Fenchelsaat
1 Msp. Ras el Hanout
80 ml trockener Weißwein
80 ml Noilly Prat
2 cl Pernod
200 ml Fischfond
3 Basilikumzweige (6 schöne Blätter für die Saucen-einlage zur Seite geben)
400 ml frisch gepresster Mandarinensaft
1 mehlige, geschälte Kartoffel
Maldon Meersalz
etwas Mauritiuszucker

SPARGEL

12 Stangen grüner Spargel
Maldon Meersalz
1 EL feiner brauner Rohrzucker
4 cl Geflügelfond
etwas Walnussöl

Ausgelöste Flusskrebse

mit Mandarinen-Sternanis-Fond und gebratenem grünem Spargel

Mein Tipp

Unbedingt darauf achten, dass die Flusskrebse lediglich schön warm gemacht werden; sie dürfen nicht mehr kochen.

Wird das Krebsfleisch nicht gleich weiter verarbeitet, sollte es, um ein Anlaufen zu verhindern, in folgende kalte Marinade eingelegt werden:
150 ml Milch und 250 ml Wasser mit etwas Meersalz und Thymian zum Kochen bringen, abkühlen lassen und durch ein feines Passiersieb gießen.

Zutaten für 4 Personen

BACHFORELLE

8 junge Karotten mit Grün
Maldon Meersalz
etwas Walnussöl
1 Prise Muscovadozucker
8 Bachforellenfilets
Koriander aus der Mühle

KURKUMA-CRUNCH

45 g glattes Mehl
20 g Pflanzenmargarine
1 EL Walnussöl
1 Prise brauner Rohrzucker
1 Prise Meersalz
1 TL Kurkuma

BLUMENKOHLCREME

400 g Blumenkohl
Maldon Meersalz
½ Zimtrinde
1 unbehandelte Zitrone
350 ml Kokosmilch
2 EL Walnussöl
Cayennepfeffer

ZITRONENTHYMIAN-SCHAUM

1 Schalotte
etwas Wallnussöl
300 ml trockener Weißwein
8 cl Noilly Prat
300 ml Fischfond
2 Zitronengrasstängel
6 Zitronentymianzweige
150 ml Kokosmilch
Maldon Meersalz
1 mehlige Kartoffel
einige Tropfen Zitronensaft

Zubereitung

Minikarotten gut waschen und so schälen, dass ungefähr 2 cm Grün an den Karotten erhalten bleibt. In leicht gesalzenem Wasser bissfest kochen. In etwas Walnussöl mit Muscovadozucker schwenken.

Bachforellenfilets unter fließend kaltem Wasser vorsichtig abwaschen, trocken tupfen, entgräten und Haut abziehen. Filets der Länge nach schräg in etwa 5 mm dicke Streifen schneiden und zwischen zwei Klarsichtfolien etwas plattieren.

Um die Karotten wickeln, mit Walnussöl bestreichen, auf ein Backpapier legen, mit einer Folie bedecken und im Backofen bei 70 °C etwa 6–8 Minuten glasig ziehen lassen.

Für den Kurkuma-Crunch alle Zutaten zügig zu einem geschmeidigen Teig verarbeiten, in eine Folie einpacken und ca. 20 Minuten kühl stellen. Teig grob auf ein Backpapier bröckeln und im auf 150 °C vorgewärmten Backofen ca. 6–8 Minuten backen. Abkühlen lassen und kurz vor dem Servieren über die Bachforelle streuen.

Blumenkohl in gleich große Stücke trennen und in leicht gesalzenem Wasser mit Zimt und etwas Zitronensaft weich kochen. Aus dem Wasser nehmen und abtropfen lassen.

Kokosmilch auf ca. 120 ml einkochen lassen, Blumenkohl dazugeben, nochmals zum Kochen bringen. Mit einem Stabmixer pürieren, dabei das Walnussöl einarbeiten, bis eine homogene Creme entsteht. Mit einem Hauch Cayennepfeffer würzen und mit Maldon Meersalz abschmecken.

Geschälte und in feine Würfel geschnittene Schalotte in etwas Walnussöl ohne Farbe zu geben anschwitzen, mit Weißwein und Noilly Prat ablöschen, mit Fischfond aufgießen und reduzierend auf 100 ml Flüssigkeit einkochen.

Fein geschnittenes und plattiertes Zitronengras und Zitronenthymian beigeben und zugedeckt 30 Minuten ziehen lassen. Durch ein feines Nylonsieb passieren. Kokosmilch dazugeben, aufkochen lassen, mit etwas Meersalz würzen, mit etwas frisch geriebener, roher Kartoffel leicht abziehen, nochmals passieren und mit Zitronensaft vollenden. Kurz vor dem Servieren mit einem Stabmixer aufschäumen und anrichten.

Bachforellen mit Karotten,

Kurkuma-Crunsh, Blumenkohlcreme und Zitronenthymian-Schaum

Das Beste vom Stör

mit Koriander-Zitronengras-Tagliarini
und Kaviar

Zutaten für 4 Personen

STÖR

4 Störmedaillons à 160 g
1 EL Olivenöl zum Braten
Koriander aus der Mühle
weißer Pfeffer aus der Mühle
Maldon Meersalz
Beluga-Kaviar

CHAMPAGNER-GEWÜRZ-SCHAUM

2 Schalotten
etwas Olivenöl
200 ml trockener Weißwein
8 cl Noilly Prat
200 ml Fischfond
6 Zitronenthymianzweige
150 ml Kokosmilch
Maldon Meersalz
1 mehlige Kartoffel
50 ml Champagner (ersatzweise trockener Sekt)
2 cl Pernod
einige Tropfen Zitronensaft

Koriander-Zitronengras-Tagliarini (siehe Seite 170)

Zubereitung

Störmedaillons mit kaltem Wasser abwaschen, auf Küchenkrepp trocken tupfen und entgräten. Haut mit einem scharfen Messer leicht einschneiden. Stör mit etwas Olivenöl bepinseln, mit Koriander und weißem Pfeffer aus der Mühle würzen.

In eine leicht vorgewärmte, beschichtete Pfanne legen und im Backofen bei 120 °C ca. 12–14 Minuten glasig ziehen lassen. Störmedaillons mit Küchenkrepp abtupfen, mit Maldon Meersalz würzen.

Für den Champagner-Gewürz-Schaum geschälte und in feine Würfel geschnittene Schalotten in etwas Olivenöl ohne Farbe zu geben anschwitzen, mit Weißwein und Noilly Prat ablöschen, mit Fischfond aufgießen und reduzierend auf ca. 80 ml Flüssigkeit einkochen lassen. Gerebelten Zitronenthymian beigeben und zugedeckt 30 Minuten ziehen lassen ohne dabei zu kochen.

Kokosmilch dazugeben, nochmals kurz aufkochen, leicht reduzierend einkochen lassen, dann den Saucenansatz durch ein feines Nylonsieb passieren. Mit etwas Meersalz würzen, mit etwas frisch geriebener, roher Kartoffel leicht abziehen, nochmals passieren, mit Champagner, Pernod sowie Zitronensaft parfümieren und vollenden. Kurz vor dem Servieren mit einem Stabmixer aufschäumen und anrichten.

Kurz vor dem Servieren die Tagliarini in leicht wallendem Salzwasser mit etwas Olivenöl 3–4 Minuten al dente kochen. Aus dem Wasser nehmen, kurz mit etwas heißem Wasser nachschwemmen und mit dem Koriander-Zitronengras-Pesto durchschwenken, eventuell mit frischen Kräutern verfeinern und anrichten.

Zubereitung

Rotbarben mit einem scharfen Messer am Bauch aufschneiden und Innereien entfernen. Mit einem scharfen Messer vorsichtig entschuppen und unter fließendem, kaltem Wasser gut waschen, filetieren und auf einem Küchenkrepp vorsichtig trocken tupfen. Sorgfältig entgräten, mit Limettensaft säuern und mit Pfeffer aus der Mühle würzen.

Filets in einer beschichteten, vorgewärmten Pfanne mit reichlich Olivenöl auf der Hautseite braten. Dabei des Öfteren mit dem heißen Öl aus der Pfanne übergießen. Gebratene Rotbarbenfilets mit Küchenkrepp abtupfen, mit Maldon Meersalz würzen und anrichten.

Fenchel unter fließend kaltem Wasser gut waschen, Strunk entfernen und auf der Aufschnittmaschine oder mit einem Krauthobel auf feinster Stufe fein hobeln. Mit einem Hauch Meersalz einsalzen und ca. 10 Minuten an einem kühlen Ort stehen lassen.

Gelbe und rote Paprika mit einem Sparschäler vorsichtig schälen. Vierteln, entkernen, kurz waschen und in feine Würfel schneiden. Zusammen mit den Olivenwürfeln unter den Fenchel mischen. Zur Vollendung mit einigen Tropfen altem Sherry- und altem, süßem Balsamicoessig sowie Hanföl, Maldon Meersalz, weißem Pfeffer und etwas braunem Rohrzucker leicht würzig und pikant abschmecken.

Unmittelbar vor dem Servieren Pastis leicht erwärmen, mit etwas Pfeffer aus der Mühle, Maldon Meersalz sowie ein wenig Olivenöl aufmontieren, mit Pernod abrunden und verfeinern.

Tipp

Als Beilage empfiehlt sich frisch überbackenes Knoblauchbaguette.

Zutaten für 4 Personen

ROTBARBE

4 Rotbarben à 200 g
Olivenöl
1 unbehandelte Limette
Pfeffer aus der Mühle
Maldon Meersalz

PASTIS-FENCHEL

2 kleine Fenchel
Maldon Meersalz
1 roter Paprika
1 gelber Paprika
10 in feine Würfel geschnittene, entkernte schwarze Oliven
alter Sherryessig
alter, süßer Balsamico
3 EL Hanföl
weißer Pfeffer aus der Mühle
etwas brauner Rohrzucker
etwas Pastis
Olivenöl
einige Spritzer Pernod

Filet von der Rotbarbe

mit Pastis-Fenchel, Oliven und Paprika

Zutaten für 4 Personen

FLUSSZANDER

4 Flusszandermedaillons à ca. 160 g
Koriander aus der Mühle
weißer Pfeffer aus der Mühle
Olivenöl zum Braten
Maldon Meersalz
10 Macadamia-Nüsse

TRÜFFEL-KÜRBIS-ZIMT-GEMÜSE

100 ml Madeira
250 ml frisch gepresster Kürbissaft
100 ml Geflügelfond
50 ml Kokosmilch
400 g Muskatkürbis
30 g schwarzer, eingelegter Trüffel im Glas
2 kleine Schalotten
etwas Walnussöl
20 g Honig
6 cl weißer Portwein
½ Zimtrinde
Maldon Meersalz
Muskatnuss
weißer Pfeffer aus der Mühle

300 g Kürbis-Gnocchi (siehe Seite 169)
etwas Affilla-Kresse als Garnitur

Zubereitung

Zandermedaillons mit kaltem Wasser abwaschen, auf Küchenkrepp trocken tupfen und entgräten. Haut mit einem scharfen Messer leicht einschneiden. Zander mit Koriander und weißem Pfeffer aus der Mühle würzen.

In einer vorgewärmten Pfanne mit Olivenöl auf der Hautseite goldgelb knusprig braten, wenden, 2–3 Minuten in der warmen Pfanne glasig ziehen lassen und auf Küchenkrepp abtupfen. Mit Maldon Meersalz würzen und mit frisch gehobelten Macadamia-Nüssen vollenden und anrichten.

Madeira, Kürbissaft und Geflügelfond zusammen auf ein Viertel einkochen lassen, mit Kokosmilch aufgießen, aufkochen und ein weiteres Mal auf 100 ml reduzieren lassen, aufmixen und bis zur weiteren Verwendung beiseite stellen.

Muskatkürbis schälen und mit dem schwarzen Trüffel in feine, gleichmäßig große Würfel schneiden. Schalotten ebenfalls schälen und in feine Würfel schneiden. Schalotten mit Walnussöl ohne Farbe zu geben anschwitzen, Kürbis- und Trüffelwürfel beigeben, kurz durchschwenken, Honig dazugeben, mit Trüffelfond und Portwein ablöschen, Zimtrinde dazugeben und auf kleiner Flamme kurz dünsten lassen.

Mit dem Madeira-Kokosmilch-Fond aufgießen, kurz aufkochen lassen und auf cremige Konsistenz einkochen. Zimtrinde entfernen, mit Meersalz, einem Hauch frisch geriebener Muskatnuss und etwas weißem Pfeffer würzen und abschmecken.

Flusszander mit gehobelten Macadamia-Nüssen,

Trüffel-Kürbis-Zimt-Gemüse
und Kürbisgnocchi

Glacierte Jakobsmuscheln

süß-sauer mit Koriander-Sprossen

Tipp

Duftreis mit asiatischen Aromen
(siehe Seite 166) ist eine ideale Beilage.

Zubereitung

Zum Auslösen Muscheln mit der flachen Seite nach oben auf eine Arbeitsfläche legen und mit einem Küchentuch festhalten. Klinge eines spitzen Messers oder Austernmessers an der flachen Seite entlang führen, damit der Schließmuskel durchgeschnitten wird.

Flache Schale abheben, Muscheln rundherum auslösen. Sand sorgfältig mit kaltem Wasser abspülen. Das weiße Muskelfleisch, die Nuss, vorsichtig vom orangefarbenen Rogen, dem Corail, trennen. Den ungenießbaren, halbmondförmigen Anhang vom Fleisch abschneiden und alle dunklen Teile sowie den grauen „Bart" entfernen.

Jakobsmuscheln mit Küchenkrepp trocken tupfen, mit Meersalz, Pfeffer und Koriander aus der Mühle würzen und in einer vorgewärmten Pfanne mit Rapsöl und Zitronenthymian auf beiden Seiten kurz und heiß anbraten, sodass die Muscheln innen nur lauwarm werden.

Für die süß-saure Sauce Ananassaft mit Apfelsaft, fein geschnittenem Zitronengras, grob geschnittenem Ingwer und Galgant sowie Kaffirlimettenblättern, Saft von 2 Limetten, Kardamomkapseln, Sternanis und Äpfeln in einen Topf geben. Zum Kochen bringen und auf kleiner Stufe ca. 1 ½ Stunden reduzierend auf ca. die Hälfte der Flüssigkeit einköcheln lassen. Für die letzte halbe Stunde die leicht plattierten Korianderwurzeln und etwas Koriandergrün beigeben.

Ansatz durch ein feines Sieb seihen und ein weiteres Mal einkochen lassen. In feine Würfel geschnittenes Gemüse in den Fond geben, mit Palmzucker und eventuell noch einigen Tropfen Reisessig süß-sauer abschmecken und mit ein wenig Reisstärke abziehen.

Mungbohnenkeime sowie in Streifen geschnittene Erbsenschoten kurz in wallendem, leicht gesalzenem Wasser blanchieren, in Eiswasser abschrecken und gut abtropfen lassen. Gemüse kurz vor dem Servieren in Sesamöl erwärmen, mit Maldon Meersalz und einigen Tropfen Thai-Fischsauce würzen und mit fein gehacktem Koriandergrün vollenden.

Zutaten für 4 Personen

JAKOBSMUSCHELN

12–20 große Jakobsmuscheln (wenn möglich in der Schale)
Maldon Meersalz
weißer Pfeffer aus der Mühle
Koriander aus der Mühle
etwas Rapsöl
2 Zitronenthymianzweige

SÜSS-SAURE SAUCE

½ l Ananassaft
¾ l Apfelsaft
4 fein geschnittene Zitronengrasstängel
25 g frische Ingwerwurzel
20 g Galgantwurzel
4 Kaffirlimettenblätter
2 Limetten
3 Kardamomkapseln
2 Sternanis
5 in grobe Würfel geschnittene Red-Delicious-Äpfel
4 Korianderwurzeln
Koriandergrün
in feine, kleine Würfel geschnittene Karotten und Gelbe Rüben für die Einlage
1 EL Palmzucker
Reisessig nach Geschmack
etwas Reis- oder Maisstärke

KORIANDER-SPROSSEN

400 g Mungbohnenkeime (oder Sojasprossen)
50 g Erbsenschoten
etwas Sesamöl
Maldon Meersalz
Thai-Fischsauce
etwas Koriandergrün

Zubereitung

Kokosmilch mit Kaffirlimettenblättern und Kardamomkapseln in einer nicht zu großen Sauteuse auf 90 °C erhitzen. Kalt abgewaschene und trocken getupfte Kabeljaufilets so einlegen, dass sie komplett von Kokosmilch bedeckt sind, und für ca. 8–10 Minuten bei rund 80 °C pochieren. Der Kabeljau sollte innen noch leicht glasig sein.

Filets aus der Kokosmilch nehmen, kurz auf ein Küchenkrepp setzen, mit Dukka, Chili und etwas Meersalz würzen und anrichten.

Ingwer schälen und in sehr feine, kleine Würfel schneiden. Honig mit Muscovadozucker in einer Sauteuse erhitzen und leicht zum Schäumen bringen, Ingwer dazugeben und leicht karamellisierend mit anschwitzen. Geschälte und in feine Würfel geschnittene, blanchierte Schalotte dazugeben, nochmals durchschwenken und mit Tomatenklarsaft aufgießen.

Entkernte, in feine Würfel geschnittene und abgeschwemmte Chilischote beigeben und alles auf kleiner Flamme reduzieren lassen, bis fast keine Flüssigkeit mehr vorhanden ist. Tomatenwürfel dazugeben, kurz erhitzen und mit etwas Meersalz und frisch gemahlenem Koriander aus der Mühle würzen. Kabeljaufilets auf den Ingwertomaten anrichten, mit frisch geschnittener Kresse vollenden.

Zutaten für 4 Personen

KABELJAU

400 ml Kokosmilch
4 Kaffirlimettenblätter
4 Kardamomkapseln
4 Kabeljaufilets à 160 g
etwas Dukka
etwas fein geschnittene Chili
Maldon Meersalz

INGWER-TOMATEN

20 g frischer, junger Ingwer
1 EL Honig
1 TL Muscovadozucker
1 Schalotte
250 ml Tomatenklarsaft
½ rote Chilischote
400 g Tomatenwürfel
Maldon Meersalz
Koriander aus der Mühle

etwas Kresse als Garnitur

Mein Tipp

Als Beilage passen Salzkartoffeln oder Kurkuma-Tagliatelle (siehe Seite 171).

In Kokosmilch pochiertes Kabeljaumedaillon

mit Ingwer-Tomaten

Makrelen in Tamari gedünstet

mit erfrischenden Minze-Sommergurken

Zutaten für 4 Personen

MAKRELE

2 frische Makrelen
35 g frischer, junger Ingwer
1 Korianderzweig
100 ml Sake
100 ml Dashi-Brühe oder Wasser
2 EL brauner Rohrzucker
120 ml Tamari
40 g eiskalte Butter
etwas Leinöl
1 TL weißer Sesam
1 TL schwarzer Sesam

SOMMERGURKEN

2 kleine Freilandgurken
15 g frischer, junger Ingwer
1 unbehandelte Limette
Spritzer Tamari
5 Minzezweige
200 g Wakame-Algen
etwas weißer und schwarzer Sesam
etwas Sesamöl
Maldon Meersalz

Zubereitung

Makrelen mit kaltem Wasser gut abwaschen und mit einem Küchenkrepp trocken tupfen. Filetieren, zuputzen, entgräten und die Haut mit einem scharfen Messer leicht einschneiden.

Filets jeweils zu einer Roulade zusammenrollen und mit einem Zahnstocher fixieren oder in jeweils 3 gleich große Stücke schneiden. Ganz kurz in leicht kochendem Wasser ohne Salz 3–4 Sekunden eintauchen und sofort in Eiswasser abschrecken, leicht abtupfen und nebeneinander in eine breite, beschichtete Pfanne setzen.

Ingwer schälen und in feine Stifte schneiden, Makrelenfilets mit Ingwer, gezupftem Koriandergrün, Sake und Dashi übergießen und mit einem Deckel abgedeckt rasch zum Kochen bringen. Braunen Rohrzucker zugeben und 3 Minuten zugedeckt auf mittlerer Flamme sanft dünsten, Tamari hinzufügen und ein letztes Mal zugedeckt für 3 Minuten dünsten.

Makrelen aus dem Gewürzfond nehmen und zugedeckt warmstellen, Gewürzfond durch ein feines Passiersieb seihen, nochmals zum Kochen bringen, kalte Butter und Leinöl in den Fond einrühren und mit weißem und schwarzem Sesam vollenden.

Gurken schälen, der Länge nach halbieren, mit einem Löffel entkernen und in gleichmäßig kleine Würfel schneiden. Ingwer schälen, ebenfalls in kleine Würfel schneiden und zu den Gurkenwürfeln geben. Mit einem Hauch frischem Limettenschalenabrieb und frischgepresstem Limettensaft sowie Tamari marinieren. Unmittelbar vor dem Servieren mit viel frisch gezupfter und gehackter Minze verfeinern.

Wakame-Algen in feine Streifen schneiden und mit etwas weißem und schwarzem Sesam, Sesamöl und ein wenig Maldon Meersalz marinieren.

Medaillon vom Seeteufel

mit Paprika-Bouillabaisse-Fond und Muscheln

Zubereitung

Für die Einlage Minifenchel, Paprika sowie Zucchini unter fließend kaltem Wasser gut waschen. Fenchel zuputzen und in leicht wallendem Salzwasser blanchieren, anschließend in Eiswasser abschrecken. Paprika vierteln, entkernen, mit Zucchini in gleichmäßig große Würfel schneiden.

Für den Fond Safran mit Weißwein in einem kleinen Topf zum Kochen bringen, vom Feuer nehmen, mit einer Frischhaltefolie abdecken und ½ Stunde ziehen lassen. Nur so entwickelt der Safran nicht nur eine sehr intensive Farbe, sondern auch ein ganz besonderes Aroma.

Blanchierte Schalotten mit der angedrückten Knoblauchzehe und der Fenchelsaat in Olivenöl anschwitzen ohne dabei Farbe zu geben, mit weißem Portwein und Weißwein-Safran-Fond ablöschen und auf ein Drittel reduzieren lassen. Pastis und Pernod beigeben und zum Kochen bringen. Reduktionsansatz mit Muschelfond und Paprikasaft aufgießen, erneut zum Kochen bringen und ein weiteres Mal reduzierend auf ein Drittel der Flüssigkeit einkochen lassen.

Basilikum und Thymian gut gewaschen zugeben und ca. 15 Minuten zugedeckt ziehen lassen. Fond nochmals aufkochen, mit etwas fein geriebener, mehliger Kartoffel leicht abziehen. Fond vom Herd nehmen und zugedeckt nochmals für ca. ½ Stunde ziehen lassen.

Bouillabaissefond kurz anmixen, durch ein feines Nylonsieb abseihen, mit Meersalz und Pfeffer würzen und mit einigen Tropfen Zitronensaft abschmecken.

Seeteufel mit kaltem Wasser gut abwaschen und mit einem Küchenkrepp trocken tupfen. In ca. 2 cm große Würfel schneiden, mit Pfeffer und Koriander würzen und in einer bereits vorgewärmten, beschichteten Pfanne mit einigen Tropfen Olivenöl auf allen Seiten scharf anbraten, auf Küchenkrepp legen und kurz beiseite geben.

Mies- und Venusmuscheln unter fließend kaltem Wasser gründlich abwaschen, säubern und durchspülen, Muschelbartreste mit einem Messer entfernen. In einem Sieb abtropfen lassen, beschädigte Muscheln entfernen. In einer vorgewärmten, geräumigen Kasserolle Muscheln mit Olivenöl auf großer Flamme unter ständigem Rühren erhitzen, mit Bouillabaissefond aufgießen, Seeteufelmedaillons und vorbereitetes Gemüse dazugeben. Mit einem Deckel verschließen und für ca. 4 Minuten leise köcheln lassen. Kurz vor dem Servieren mit etwas Pastis und Pernod parfümieren und verfeinern.

Zutaten für 4 Personen

SEETEUFEL UND MUSCHELN

600 g zugeputzter küchenfertiger Seeteufel
weißen Pfeffer aus der Mühle
Koriander aus der Mühle
200 g Miesmuscheln
200 g Venusmuscheln
etwas Olivenöl
etwas Pastis
etwas Pernod

PAPRIKA-BOUILLABAISSE-FOND

etwas Safranfäden
5 cl Weißwein
100 g blanchierte Schalotten
1 Knoblauchzehe
1 TL Fenchelsaat
etwas Olivenöl
9 cl weißer Portwein
2,5 cl Pastis
2 cl Pernod
250 g Muschelfond
Saft von 250 g frisch entsafteten gelben Paprika
3 Basilikumzweige
1 Thymianzweig
1 mehlige, geschälte Kartoffel
Maldon Meersalz
weißer Pfeffer aus der Mühle
etwas Zitronensaft

EINLAGE

4 junger Minifenchel
1 roter Paprika
1 gelber Paprika
1 Zucchini
Maldon Meersalz
etwas Olivenöl

Mille-feuille

mit Basilikum-Kohlrabi-Langoustinen
im Krustentierfond

Zutaten für 4 Personen

MILLE-FEUILLE

12 ganze Langoustinen
etwas Olivenöl
400 g mehlige Kartoffel
etwas Walnussöl
Maldon Meersalz
weißer Pfeffer aus der Mühle
Muskatnuss
60 ml Kokosmilch
100 g Basilikum-Minze-Pesto (siehe Seite 175)
2 Kohlrabi
150 g Tomatenwürfel
1 Bd. Scarlet-Kresse

GEWÜRZSUD

Olivenöl
30 g Knollensellerie
30 g Zwiebel
20 g Fenchel
1 geschälte, halbierte und vom Keim
befreite Knoblauchzehe
1 EL Tomatenmark
1 EL brauner Rohrzucker
200 ml Weißwein
150 ml Noilly Prat
2 cl Pernod
300 ml Tomatenklarsaft
20 g Petersilienblätter
10 g Dill
2 Sternanis
2 Kardamomkapseln
1 rohe, mehlige Kartoffel
etwas Zitronensaft
Koriander aus der Mühle
weißer Pfeffer aus der Mühle
Maldon Meersalz
etwas Olivenöl

Zubereitung

Zum Ausbrechen Langoustinen am Kopf festhalten, Schwanz vorsichtig nach links und rechts drücken, um ihn dann vorsichtig herauszudrehen. Schale behutsam vom Schwanz lösen, Darm entfernen. Karkassen unter fließend kaltem Wasser gut abwaschen, abtropfen lassen und für den Gewürzsud beiseite geben.

Unmittelbar vor dem Anrichten Langoustinenschwänze mit Olivenöl einreiben und in einer vorgewärmten, beschichteten Pfanne auf allen Seiten rasch anbraten, sodass die Langoustinen schön Farbe bekommen, aber innen noch glasig sind.

Kartoffeln in der Schale weich kochen, noch in heißem Zustand schälen und durch ein feines Sieb passieren. Mit 3 cl Walnussöl, Meersalz, Pfeffer, einem Hauch Muskatnuss sowie der heißen Kokosmilch vorsichtig glattrühren. Kurz vor dem Anrichten Basilikum-Minze-Pesto untermengen und auf kleiner Flamme zu festem, kompaktem Püree verarbeiten.

Kohlrabi in ca. 3 mm dicke Scheiben schneiden, mit einem runden Ausstecher (ca. 5 cm Durchmesser) rund ausstechen und in leicht gesalzenem Wasser blanchieren. Abschrecken und mit Küchenkrepp trocken tupfen. Kohlrabischeiben in ein wenig Walnussöl und etwas Meersalz erwärmen.

Püree auf die erste Kohlrabischeibe dressieren, dann Schicht für Schicht Mille-feuille zusammensetzen. Abschließend mit marinierten Tomatenwürfeln und Scarlet-Kresse verfeinern.

Für den Gewürzsud Karkassen in einer Sauteuse mit Olivenöl unter ständigem Rühren leicht Farbe gebend anschwitzen. Sellerie, Zwiebel, Fenchel und Knoblauch in kleine Würfel schneiden, dazugeben und nochmals kurz angehen lassen. Mit Tomatenmark tomatisieren, Rohrzucker dazugeben, kurz durchrühren und mit Weißwein, Noilly Prat und Pernod ablöschen. Ansatz zum Kochen bringen, mit Tomatenklarsaft aufgießen, grob geschnittene Kräuter sowie Gewürze dazugeben und auf kleiner Flamme langsam auf ein Drittel reduzieren lassen.

Gewürzsud durch ein Passiersieb seihen, zum Kochen bringen, mit etwas frisch geriebener roher Kartoffel leicht binden und durch ein feines Nylonsieb passieren. Kurz vor dem Anrichten mit Zitronensaft, Koriander, weißem Pfeffer sowie Meersalz und Olivenöl abschmecken.

Mit Aromen gebratener Steinbutt

mit Perlgraupen-Paella
und mediterranem Kräuterfond

Zubereitung

Steinbuttmedaillons unter fließend kaltem Wasser abwaschen, auf Küchenkrepp trocken tupfen und entgräten. Mit Koriander und weißem Pfeffer aus der Mühle würzen und in einer vorgewärmten Pfanne mit Olivenöl auf der einen Seite goldgelb braten. Wenden, für 2–3 Minuten in der warmen Pfanne glasig nachziehen lassen und auf Küchenkrepp abtupfen, mit Maldon Meersalz würzen und anrichten.

Für die Paella Perlgraupen in lauwarmes Wasser geben und ca. 1 Stunde quellen lassen. In feine Würfel geschnittene Schalotten mit Olivenwürfeln und etwas Olivenöl in einer vorgewärmten, kleinen Sauteuse mit Knoblauch ohne viel Farbe zu geben glasig anschwitzen.

Perlgraupen abtropfen lassen, zu den Schalotten geben, durchschwenken und mit Weißwein, Hälfte des Geflügelfonds und Tomatenfond aufgießen. Mit Salz und Pfeffer würzen und zugedeckt 8–10 Minuten leicht köcheln lassen. Von der Flamme nehmen und für weitere 20 Minuten zugedeckt quellend ziehen lassen.

Mit etwas Geflügelfond aufgießen, feine Paprika- und Zucchiniwürfel beigeben, nochmals zum Kochen bringen und je nach Konsistenz eventuell mit etwas Geflügelfond verdünnen. Mit frisch gehacktem Thymian und Basilikum verfeinern und mit fein geriebenem Pecorino verfeinern.

Für den Kräuterfond Petersilie, Wiesenkräuter, Dill, Basilikum und Oregano unter fließend kaltem Wasser gut waschen, Blätter und Spitzen von den Stielen zupfen (Stiele für den Fond aufbewahren). In kräftig gesalzenem Wasser blanchieren und in Eiswasser abschrecken. Aus dem Wasser nehmen, ausdrücken, fein hacken und anschließend mit Olivenöl zu einer feinen Kräuterpaste verarbeiten.

Sellerie und Zwiebelwürfel in etwas Olivenöl ohne Farbe anschwitzen, mit Weißwein, Noilly Prat, weißem Portwein und Pernod ablöschen und auf die Hälfte reduzieren lassen. Mit Fischfond aufgießen, übriggebliebene Kräuterstiele und Knoblauch dazugeben. Für ½ Stunde leise reduzierend köcheln lassen. Mit Meersalz, weißem Pfeffer und Koriander würzen und mit Rohrzucker je nach Geschmack abrunden. Petersilienstängel aus dem Fond nehmen. Fond mit einem Pürierstab zu einer feinen, leicht gebundenen Sauce mixen und durch ein feines Sieb passieren.

Kurz vor dem Anrichten mit Kräuterpaste, etwas Zitronensaft und Veronelli-Olivenöl der Sorte Leccino verfeinern und vollenden.

Zutaten für 4 Personen

STEINBUTT

4 Steinbuttmedaillons à ca. 160 g
(wenn möglich mit Haut)
Koriander aus der Mühle
weißer Pfeffer aus der Mühle
Olivenöl zum Braten
Maldon Meersalz

PERLGRAUPEN-PAELLA

180 g Perlgraupen
2 kleine Schalotten
2 EL würfelig geschnittene
Oliven
etwas Olivenöl
1 Knoblauchzehe
200 ml trockener Weißwein
200 ml kräftiger Geflügelfond
200 ml klarer Tomatenfond
Maldon Meersalz
Pfeffer aus der Mühle
je 2 EL feine Würfel gelbe und
rote Paprika
2 EL feine Zucchiniwürfel
etwas Thymian und Basilikum
20 g Pecorino

KRÄUTERFOND

40 g Petersilienblätter
10 g Wiesenkräuter
20 g Dill
etwas Basilikum
etwas Oregano
Maldon Meersalz
etwas Olivenöl
50 g in kleine Würfel geschnittener Knollensellerie
80 g in kleine Würfel geschnittene Zwiebel
160 ml trockener Weißwein
40 ml Noilly Prat
50 ml weißer Portwein
2 cl Pernod
250 ml Fischfond
1 geschälte, halbierte und vom
Keim befreite Knoblauchzehe
weißer Pfeffer aus der Mühle
Koriander aus der Mühle
Rohrzucker nach Geschmack
2 cl Zitronensaft
Veronelli-Olivenöl der Sorte
Leccino Comincioli, Gardasee-
Lombardei

Poelierte Lachsforelle mit Nudelblatt

und Kokosmilchschaum,
Orangen-Kaki-Frucht
und Basilikum-Minze-Pesto

Zutaten für 4 Personen

LACHSFORELLE

4 Lachsforellenmedaillons à ca. 170 g
weißer Pfeffer aus der Mühle
Koriander aus der Mühle
350 ml Olivenöl (zum Poelieren)
1 Knoblauchzehe
2 Thymianzweige
2 Basilikumzweige
Maldon Meersalz
4 EL Basilikum-Minze-Pesto (siehe
Seite 175)

4 Nudelteigblätter (siehe Seite 171)

KOKOSMILCHSCHAUM

2 feinwürfelig geschnittene blanchierte Schalotten
30 g Staudenselleriewürfel
30 g Lauchstreifen
etwas Olivenöl
¼ l Weißwein
4 cl weißer Portwein
4 cl Noilly Prat
¼ l Fischfond
400 ml Kokosmilch
2 Basilikumzweige
1 kleine mehlige, geschälte Kartoffel
Maldon Meersalz
etwas Zitronensaft

ORANGEN-KAKI-FRUCHT

2 Orangen
200 ml Orangensaft
1 Kaki
2 Sternanis
1 TL dunkler Muscovadozucker
Msp. Xantana
schwarzer Pfeffer aus der Mühle

Zubereitung

Lachsforellenmedaillons mit kaltem Wasser abwaschen, trocken tupfen und Gräten entfernen. Filets mit weißem Pfeffer und Koriander würzen. In einer vorgewärmten Pfanne mit reichlich Olivenöl, grob zerteiltem Knoblauch und frischen Kräutern mit der Hautseite nach oben einlegen (das Olivenöl sollte etwa 75 °C haben). Kurz bevor man den Fisch aus der Pfanne nimmt – er sollte innen noch glasig sein – Haut vorsichtig abziehen und mit einigen Flocken Meersalz würzen. Fisch auf Küchenkrepp legen, leicht abtupfen und anrichten.

Für den Kokosmilchschaum Schalotten, Staudensellerie und Lauchstreifen in wenig Olivenöl angehen lassen, mit Weißwein, Portwein und Noilly Prat aufgießen, zum Kochen bringen und auf die Hälfte der Flüssigkeit reduzieren.

Mit Fischfond aufgießen und ein weiteres Mal auf gut ein Drittel einkochen. Kokosmilch und frisches Basilikum hinzufügen und zugedeckt mit einem Backpapier ca. 15 Minuten am Siedepunkt ziehen lassen.

Für eine leichte Bindung ein wenig fein geriebene mehlige Kartoffel in den Saucenansatz geben und nochmals kurz aufkochen. Mit etwas Meersalz und Zitronensaft würzen, mit einem Stabmixer leicht anmixen, durch ein feines Passiersieb seihen und kurz vor dem Servieren schaumig aufmixen.

Orangen mit einem scharfen Messer schälen, Filets herausschneiden, Rest auspressen, Saft den 200 ml Orangensaft hinzufügen. Kaki schälen und in hauchdünne Scheiben schneiden. Orangensaft mit Sternanis und Muscovadozucker zum Kochen bringen und auf etwas mehr als ein Viertel einkochen lassen. Orangenfond mit Xantana leicht binden, mit etwas Pfeffer würzen, Orangenfilets und Kaki dazugeben, kurz schwenken und leicht erwärmen, jedoch nicht kochen.

Zubereitung

Für den Fond Safran mit Noilly Prat in einem kleinen Topf zum Kochen bringen, vom Feuer nehmen, mit einer Frischhaltefolie abdecken und ½ Stunde ziehen lassen (siehe Tipp).

Zwiebel schälen, äußere Blätter der Lauchstange entfernen, mit kaltem Wasser abwaschen und mit Zwiebeln und geschältem Sellerie in ca. ½ cm große Stücke schneiden.

Miesmuscheln mit kaltem Wasser gründlich abwaschen, säubern und durchspülen. Muschelbartreste mit einem Messer entfernen und in einem Sieb abtropfen lassen, beschädigte Muscheln entfernen.

In einer vorgewärmten, geräumigen Kasserolle Miesmuscheln mit reichlich Olivenöl auf großer Flamme unter ständigem Rühren erhitzen, geschnittenes Gemüse mit Lorbeer, Basilikum, Dille und feinblättrig geschnittenem Knoblauch untermengen, mit Weißwein ablöschen und mit heißem Tomatenfond aufgießen. Kasserolle mit einem Deckel verschließen, Miesmuscheln ca. 2 Minuten köcheln lassen.

Muschelansatz in ein großes Sieb gießen, abtropfenden Fond in einem Geschirr auffangen. Muschelfleisch aus der Schale lösen, Muscheln, die noch geschlossen sind, wegwerfen. Abtropffond durch ein feines Nylonsieb gießen und für die spätere Verwendung beiseite geben.

In einem vorgewärmten Topf etwas Olivenöl, Schalotten und Kurkuma leicht angehen lassen. Mit Pernod und Noilly-Prat-Safran-Fond ablöschen, kurz aufkochen und auf die Hälfte reduzieren. Mit Muschelfond aufgießen und auf kleiner Flamme leise für einige Minuten köcheln lassen. Kurz vor dem Servieren mit etwas Kartoffelstärke leicht abziehen.

Tomatenzungen und ausgelöstes Muschelfleisch in die Sauce geben, mit Meersalz, Pfeffer aus der Mühle und frisch gepresstem Zitronensaft würzen und abschmecken. Mit in Olivenöl sautiertem, grob geschnittenem Junglauch verfeinern und mit Veronelli-Olivenöl der Sorte Pendolino, Fèlsina, Toskana, parfümieren und vollenden.

Zutaten für 4 Personen

POT AU FEU

1 Zwiebel
50 g Lauch
50 g Sellerie
1 kg frische Miesmuscheln
etwas Olivenöl
1 frisches Lorbeerblatt
3 Basilikumzweige
1 Dillzweig
3 geschälte, halbierte und vom Keim befreite Knoblauchzehen
½ l trockener Weißwein
½ l klarer Tomatenfond

SAFRANFOND

einige Safranfäden
120 ml Noilly Prat
etwas Olivenöl
2 fein geschnittene blanchierte Schalotten
1 TL Kurkuma
6 cl Pernod
etwas Kartoffelstärke
Maldon Meersalz
weißer Pfeffer aus der Mühle
1 unbehandelte Zitrone

EINLAGE

100 g Tomatenzungen
Olivenöl zum Sautieren
4 Junglauchstangen

250 g Matcha-Gnocchi (siehe Seite 169)
Veronelli-Olivenöl der Sorte Pendolino, Fèlsina, Toskana

Pot au feu

mit Miesmuscheln und Weißwein mit Kurkuma-Matcha-Gnocchi

Mein Tipp

Safranfäden nicht in Fett oder Öl anschwitzen, sie werden dadurch vom Fett umschlossen und verlieren viel an Geschmack und Farbe. Wenn möglich vor dem Verarbeiten in etwas Alkohol, in diesem Falle in etwas Noilly Prat, leicht erwärmen und kurz ziehen lassen. Nur so entwickelt Safran sein volles Aroma und die typische Farbe.

Zubereitung

Mini-Auberginen mehrfach mit einem Zahnstocher einstechen, mit Salz vermischen und 3 Stunden stehen lassen. Danach gut abspülen, in kochendes Wasser legen und 4 Minuten köcheln. Mit einer Schaumkelle vorsichtig herausnehmen, abtropfen lassen und auf Küchenpapier legen.

Von den Erbsenschoten Spitzen und Fäden entfernen und unter fließend kaltem Wasser gut waschen. Schoten der Länge nach diagonal durchschneiden, mit den jungen, rohen Erbsen kurz in leicht gesalzenem, kochendem Wasser blanchieren und in Eiswasser abschrecken.

Äpfel schälen, entkernen und in gleichmäßige Stücke tournieren.

Kurz vor dem Anrichten Erbsen und Schoten in einer Pfanne mit etwas Rapsöl bei mittlerer Hitze schwenkend und ohne Farbe zu geben anschwitzen. Mit etwas Maldon Meersalz und Thai-Fischsauce würzen. Äpfel und vorgegarte Auberginen ebenfalls in einer Pfanne mit etwas Rapsöl und ein wenig Muscovadozucker leicht Farbe gebend karamellisieren lassen.

Zum Ausbrechen Langoustinen am Kopf festhalten, Langoustinenschwanz vorsichtig nach links und rechts drücken, um ihn dann vorsichtig herauszudrehen. Schale bis auf die 2 letzten Glieder behutsam vom Langoustinenschwanz lösen, Darm entfernen. Langoustinenfleisch, Wildlachs und Jakobsmuscheln waschen, trocken tupfen und mit etwas weißem Pfeffer und Koriander würzen.

Meeresfrüchte in einer vorgewärmten, beschichteten Pfanne mit einer angedrückten Knoblauchzehe in wenig Rapsöl scharf kurz braten, sodass sie innen noch glasig sind. Mit der Einlage auf dem Curry anrichten, garnieren.

Mein Tipp

Wenn Sie Jakobsmuscheln in der Schale verwenden: Auf Seite 29 finden Sie die Beschreibung, wie das Fleisch ausgelöst wird.

Zutaten für 4 Personen

MEERESFRÜCHTE-CURRY

4 frische Langoustinen
4 Wildlachswürfel à ca. 40 g
4 Jakobsmuscheln
weißer Pfeffer aus der Mühle
Koriander aus der Mühle
1 Knoblauchzehe
Rapsöl zum Braten
500 ml rotes Curry (siehe Seite 165)

EINLAGE

16 Mini-Auberginen (Petch Siam)
Maldon Meersalz
200 g Zuckerschoten
150 g frische, junge Erbsen
Maldon Meersalz
2 Granny-Smith-Äpfel
etwas Rapsöl
einige Spritzer Thai-Fischsauce
etwas Muscovadozucker

etwas frisches Thai-Basilikum zum Garnieren
2 EL geröstete und leicht zerhackte Cashewnüsse zum Garnieren

Rotes Curry von Meeresfrüchten,

Zweierlei von der Erbse
und Mini-Auberginen-Äpfel

Zutaten für 4 Personen

ARKTISCHER SAIBLING

4 Filets vom arktischen Saibling à ca. 160 g
weißer Pfeffer aus der Mühle
Koriander aus der Mühle
300 ml Olivenöl zum Poelieren
1 Knoblauchzehe
2 Thymianzweige
2 Basilikumzweige
Maldon Meersalz

MUSKATKÜRBISCHUTNEY

4 g Galgant
200 ml frisch hergestellter Kürbissaft
150 ml frisch hergestellter Apfelsaft
50 ml Noilly Prat
40 ml weißer Portwein
weißer Pfeffer aus der Mühle
etwas Maldon Meersalz
5 g Palmzucker oder brauner Rohrzucker
½ Lorbeerblatt
4 Pimentkörner
5 Sternanis
4 Nelken
250 g Muskatkürbiswürfel
etwas Maisstärke
Chilifäden als Garnitur

CHILI-BASILIKUM-VINAIGRETTE

1 Chilischote
etwas Basilikum
30 ml Noilly Prat
Saft einer Zitrone
Maldon Meersalz
weißer Pfeffer aus der Mühle
Koriander aus der Mühle
etwas Maisstärke
2 EL Olivenöl

Zubereitung

Filets mit kaltem Wasser abwaschen, auf Küchenkrepp trocken tupfen und Gräten entfernen. Mit weißem Pfeffer und Koriander würzen. In einer vorgewärmten Pfanne mit reichlich Olivenöl, grob zerteiltem Knoblauch und frischen Kräutern mit der Hautseite nach oben zum Garen einlegen (das Olivenöl sollte etwa 75–85 °C haben).

Sobald der arktische Saibling fertig gegart ist – er sollte innen noch glasig sein – aus dem Öl nehmen, auf Küchenkrepp legen, leicht abtupfen, Haut vorsichtig abziehen, mit etwas Meersalz würzen und auf dem Kürbischutney anrichten.

Für das Chutney grob geschnittenen Galgant mit Kürbissaft, Apfelsaft sowie Alkoholika und Gewürzen zum Kochen bringen und auf kleiner Flamme reduzierend auf ein Drittel einkochen lassen.

Fond durch ein feines Passiersieb seihen, Kürbiswürfel dazugeben und zum Kochen bringen. Unter ständigem Umrühren Flüssigkeit reduzierend und dünstend fast vollständig einkochen lassen. Abschließend mit Maisstärke auf die gewünschte Konsistenz abziehen und eventuell nochmals abschmecken.

Für die lauwarme Vinaigrette Chilischote der Länge nach halbieren, Kerngehäuse entfernen, Schote mit kaltem Wasser abwaschen. Zusammen mit einigen Basilikumblättern in feine Würfel schneiden.

Noilly Prat in einem kleinen Topf mit Zitronensaft, etwas Meersalz, weißem Pfeffer und etwas Koriander kurz zum Kochen bringen und mit ein wenig angerührter Maisstärke leicht abziehen. Vinaigrette vom Feuer nehmen und mit Chiliwürfeln, Basilikum und Olivenöl verfeinern.

Würfel vom arktischen Saibling

mit Muskatkürbischutney
und Chili-Basilikum-Vinaigrette

FLEISCH

Auszug von „tausend und einem Gewürz"

mit Maishühnerbrust, Pilzen und Tomaten

Mein Tipp

Darauf achten, dass das Fleisch nur kurz und scharf angebraten wird, da es bei längerem Braten sehr schnell trocken werden kann.

Zutaten für 4 Personen

AUSZUG

4 mittelgroße, reife grüne Paprika
100 g frische Ananas
60 g Banane
½ l Kokosmilch
150 g Petersilienblätter
1 Bd. frische Minze
etwas frisch gepresster Limettensaft
einige Spritzer Thai-Fischsauce
etwas brauner Rohrzucker
Maldon Meersalz
1 grüne Chilischote
etwas Sesamöl
etwas Distelöl
1 TL grüne Currypaste
1½ EL Dehli Currypulver
(ersatzweise Curry Madrocas)
1 EL Kurkuma
20 g frischer Ingwer
2 frische Zitronengrasstängel
100 ml Noilly Prat
20 Thai-Basilikumblätter
(ersatzweise normales Basilikum)

EINLAGE

100 g Thai-Spargel
200 g Pak Choi
Maldon Meersalz
180 g Kräuterseitlinge
180 g Shiitake-Pilze
70 g Enoki-Pilze
etwas Distelöl
einige Spritzer Thai-Fischsauce
20 ofengetrocknete Cherrytomaten
600 g Hühnerbrust
etwas Sesamöl

etwas Veronelli-Olivenöl
der Sorte Raro, Madonna dell'Olivo, Kampanien

Zubereitung

Paprika gut waschen, trocken tupfen, senkrecht vierteln und Strunk, Stiel sowie Kerne entfernen. Nochmals waschen, mit Küchenkrepp trocken tupfen und mit Ananas und Banane in ca. 1 cm große Würfel schneiden. Mit Kokosmilch, Petersilie und Minze mit einem Stabmixer zu einer feinen Masse pürieren, mit etwas Limettensaft, Thai-Fischsauce, braunem Rohrzucker, Maldon Meersalz und je nach gewünschter Schärfe auch mit grüner Chilischote würzen.

Sesamöl und Distelöl in einem Topf bei mittlerer Hitze mit Currypaste, Delhi Curry, Kurkuma, fein geschnittenem Ingwer und Zitronengras unter ständigem Rühren vorsichtig und ohne Farbe zu geben leicht anrösten. Mit Noilly Prat ablöschen, kurz einreduzieren lassen und mit dem gemixten Paprika-Kokosmilch-Fond aufgießen.

Curryansatz zum Kochen bringen und reduzierend auf kleiner Flamme auf die Hälfte einkochen lassen. Kurz vor dem Anrichten Curry nochmals mit dem Stabmixer fein aufmixen, durch ein feines Haarsieb passieren, nochmals zum Kochen bringen, auf die gewünschte Konsistenz einköcheln und abschmecken.

Unmittelbar beim Anrichten den Auszug aus „tausend und einem Gewürz" erwärmen, schaumig mixen, mit frisch gezupftem Thai-Basilikum verfeinern und anrichten.

Thai-Spargel und Pak Choi mit kaltem Wasser gut abwaschen, auf einem Küchenkrepp trocken tupfen. Thaispargel kurz in leicht gesalzenem Wasser blanchieren und in Eiswasser abschrecken. Pak Choi (die feinen Blätter für die Dekoration aufbewahren) mit Kräuterseitlingen und Shiitake-Pilzen in gleichmäßige, ca. 1 cm große Würfel schneiden.

Kurz vor dem Anrichten Gemüse in einer Pfanne mit Distelöl bei mittlerer Hitze schwenkend und ohne Farbe zu geben anschwitzen, mit etwas Maldon Meersalz und Thai-Fischsauce würzen. Ganz zum Schluss getrocknete Cherrytomaten untermengen.

Hühnerbrust gegebenenfalls von Fett, Knorpeln und Sehnen befreien, Haut mit einem scharfen Messer der Brustlänge nach mit den Fasern schneiden. Brustfleisch in ca. 1 cm große Würfel schneiden. In einer beschichteten, heißen Pfanne mit wenig Distelöl und Sesamöl scharf anbraten.

Mit etwas Veronelli-Olivenöl der Sorte Raro, Madonna dell'Olivo, Kampanien, parfümieren.

Zubereitung

Wachtel mit kaltem Wasser gut abwaschen und mit Küchenkrepp gut abtupfen. Um Brust und Keule von den Karkassen zu trennen, vorsichtig mit einem scharfen Messer vom Brustknochen seitlich herunterlösen. Brust von der Keule trennen, Flügel und Keulenknochen von Fleisch und Sehnen befreien.

Brust und Keule mit weißem Pfeffer und Meersalz aus der Mühle würzen. In einer heißen Pfanne mit Olivenöl, Rosmarin, Salbeiblättern und Knoblauchzehen auf der Innenseite scharf anbraten. Wenden und langsam auf der Hautseite fertigbraten, sodass die Haut schön knusprig wird.

Aus der Pfanne nehmen und mit einer Folie bedeckt einige Minuten rasten lassen. Bratenrückstand mit Rotwein ablöschen und auf die Hälfte reduzieren, mit Geflügeljus aufgießen und einreduzieren, durch ein feines Passiersieb gießen und abschmecken.

Für das Risotto Schalotten in Olivenöl anschwitzen, Risottoreis hineinstreuen und schwenken, bis er glasig wird. Mit Pfeffer, Salz, Lorbeerblatt, Thymian, Großteil des Salbeis und Knoblauch würzen. Mit etwas Weißwein ablöschen und unter ständigem Schwenken dünsten lassen. Sobald die Flüssigkeit reduziert ist, immer wieder aufgießen, anfangs mit Wein und später mit heißem Geflügelfond.

Das Risotto soll cremig und dickflüssig sein und kann kurz vor dem Servieren noch mit ein wenig frisch geriebenem Käse, Pesto und restlichen, in feine Würfel geschnittenen Salbeiblättern verfeinert werden.

Paprikaschoten gut waschen, abtupfen und mit etwas Olivenöl und Thymian auf einem Blech im Backofen bei 180 °C 12–15 Minuten vorgaren. Aus dem Ofen nehmen und in noch warmem Zustand schälen. Kurz vor dem Anrichten Paprika mit etwas Meersalz würzen, mit einigen Tropfen Olivenöl einreiben und im auf 160 °C vorgeheizten Backofen nochmals ca. 5 Minuten fertiggaren.

Zutaten für 4 Personen

WACHTELN
4 küchenfertige Wachteln
weißer Pfeffer aus der Mühle
Maldon Meersalz
Olivenöl
1 Rosmarinzweig
einige Salbeiblätter
2 geschälte Knoblauchzehen
¼ l kräftiger Rotwein
⅛ l Geflügeljus

SALBEI-RISOTTO

2 EL fein gewürfelte Schalotten
etwas Olivenöl
180 g Risottoreis (bevorzugt Avorio oder Vialone Nano)
weißer Pfeffer aus der Mühle
Maldon Meersalz
1 frisches Lorbeerblatt
1 Thymianzweig
2 Salbeizweige
3 Knoblauchzehen
¼ l Weißwein
½ l Geflügelfond
etwas alter Bergkäse oder Pecorino
1 EL Salbei-Petersilien-Pesto
(siehe Seite 175)

PAPRIKA

4 rote Minipaprika
4 gelbe Minipaprika
Olivenöl
1 Thymianzweig
Maldon Meersalz
frisch gezupfte Estragonspitzen zum Garnieren

Brust und Keule
von der Wachtel

mit Salbei-Risotto
und geschmortem Paprika

Zubereitung

Für den orientalischen Gewürzsud alle Zutaten in einem Topf zum Kochen bringen, Topf zur Seite ziehen und am Herdrand stehen lassen, bis sich der Sud auf ca. 90 °C abgekühlt hat. Gamsfilet mit Salz und schwarzem Pfeffer würzen, in den Sud einlegen und ca. 12–14 Minuten bedeckt vom Sud pochieren.

Gamsfilet aus dem Gewürzsud nehmen, auf einem Küchenkrepp trocken tupfen und in einer vorgewärmten, beschichteten Pfanne mit etwas Rapsöl auf allen Seiten kurz anbraten, sodass das Fleisch nur eine leichte, gleichmäßige Farbe bekommt. Anschließend an einem warmen Ort ca. 10 Minuten rasten lassen.

Ca. 150 ml Gewürzsud durch ein feines Sieb in einen kleinen Topf passieren, Geflügeljus beigeben und gemeinsam zum Kochen bringen, mit etwas frisch geriebener Kartoffel leicht abziehen, abschmecken und durch ein feines Nylonsieb passieren.

Kohlsprossen waschen, Strunk abschneiden und die schönen Blätter von den Kohlsprossen lösen, bis nur noch das gelbe Sprossenherz übrig bleibt. Getrennt voneinander zuerst Blätter, dann Herzen in leicht gesalzenem Wasser blanchieren und mit Eiswasser abschrecken.

Kohlsprossenblätter und -herzen mit der geschälten und in kleine Würfel geschnittenen Schalotte in einer beschichteten Pfanne mit etwas Walnussöl leicht Farbe gebend bei mittlerer Hitze durchschwenken und mit etwas Meersalz und einem Hauch frisch geriebener Muskatnuss abschmecken.

Zutaten für 4 Personen

GAMSRÜCKEN

700 g Gamsrückenfilet, sauber pariert
Maldon Meersalz
schwarzer Pfeffer aus der Mühle
Rapsöl
100 ml Geflügeljus
1 mehlige, rohe Kartoffel zum Binden

GEWÜRZSUD

500 ml Bockbier
6 Sternanis
2 Zimtstangen
1 TL gemahlenes Piment
1 TL Kardamom
50 g fein gehackter Ingwer
3 EL Honig
2 EL brauner Zucker
250 ml Sojasauce
150 ml milder dunkler Balsamico-Essig

KOHLSPROSSEN

200 g Kohlsprossen
Maldon Meersalz
1 kleine Schalotte
etwas Walnussöl
Muskatnuss

250 g Matcha-Gnocchi (siehe Seite 169)
junge Thymianspitzen zum Garnieren

Gamsrückenfilet

im orientalischen Gewürzsud
mit Kohlsprossen
und Matcha-Gnocchi

Gegrillte Entenwürstchen

mit Majoran und Kreuzkümmel-Spitzkraut

Zutaten für 4 Personen

ENTENWÜRSTCHEN

400 g Entenkeulen
150 g Entenhaut
2 Schalotten
1 Knoblauchzehe
½ Bd. Petersilie
2 Majoranzweige
50 ml Sahne
Maldon Meersalz
weißer Pfeffer aus der Mühle
Koriander aus der Mühle
Lammsaitling (geputzte Därme,
beim Fleischer vorbestellen)

SPITZKRAUT

1 Schalotte
1 EL Rapsöl
1 TL brauner Rohrzucker
200 ml Sauerkrautsaft
300 ml Apfelsaft
1 Lorbeerblatt
2 Nelken
5 Wacholderbeeren
etwas Kartoffelstärke
1 TL Kreuzkümmel
1 mittelgroßes Spitzkraut
Maldon Meersalz
weißer Pfeffer aus der Mühle
Majoran zum Verfeinern

Zubereitung

Entenkeulen auslösen und sorgfältig von Sehnen befreien. Entenkeulenfleisch bei mittlerer Scheibe durch den Fleischwolf drehen. Entenhaut in feine Würfel schneiden und in einer beschichteten Pfanne auslassen, bis die Hautwürfel hellbraun und knusprig sind. Hautwürfel durch ein Sieb seihen und zum Abkühlen beiseite geben.

Fett auffangen und darin die geschälten und in feine Würfel geschnittenen Schalotten ohne Farbe zu geben anschmoren. Ebenfalls durch ein Sieb seihen und abkühlen lassen. Entenfett zum Grillen der Entenwürste beiseite stellen.

Knoblauch schälen und fein hacken, Petersilie und Majoran zupfen und ebenfalls fein hacken.

Entenfleisch und -haut, Schalotten, Knoblauch, Petersilie und Majoran mit Sahne zu einer kompakten Masse vermengen, mit Meersalz, weißem Pfeffer und einem Hauch Koriander würzig abschmecken und in einen Dressiersack mit Lochtülle füllen. Lammsaitling über die Tülle ziehen, mit einer Hand festhalten, mit der anderen Hand Entenmasse vorsichtig gleichmäßig in den Saitling drücken. Alle 10 cm mit Küchengarn abbinden.

Kurz vor dem Servieren Entenwürste in 78 °C heißem Wasser 8–10 Minuten pochierend ziehen lassen. Aus dem Wasser nehmen, kurz in Eiswasser legen, anschließend mit Küchenkrepp trocken tupfen und in einer Grillpfanne bei mittlerer Hitze mit etwas Entenfett beidseitig schön Farbe gebend anbraten und anrichten.

Für das Kraut Schalotte schälen und in feine Streifen schneiden. Mit Rapsöl und Rohrzucker in einer Sauteuse leicht karamellisierend angehen lassen. Mit Sauerkrautsaft und Apfelsaft ablöschen, Lorbeerblatt, Nelken und Wacholderbeeren dazugeben. Leicht köchelnd auf 150 ml reduzieren und mit einem Hauch Stärke abziehen. Fond durch ein feines Passiersieb seihen und Kreuzkümmel dazugeben.

Spitzkrautblätter abschneiden, Strünke entfernen und in dünne Streifen schneiden. Mit ein wenig Meersalz würzen und leicht durchkneten. Fond nochmals zum Kochen bringen, eingesalzenes Kraut dazugeben, durchrühren und vom Feuer nehmen. Mit etwas Pfeffer würzen, mit frisch gezupftem Majoran verfeinern und lauwarm servieren.

Zubereitung

Schwarte mit einem scharfen Messer über Kreuz vorsichtig einschneiden, Knochenenden mit doppelt zusammengelegter Alufolie abdecken. Spanferkelrücken mit etwas weißem Pfeffer leicht würzen, auf der Fleischseite mit gezupftem Rosmarin, Thymian, Lorbeerblatt, angedrückten Wacholderbeeren und Knoblauchzehen sowie Kümmel würzen, mit einigen Tropfen Rapsöl beträufeln. In einen Vakuumiersack geben, vakuumieren und im Wasserbad zugedeckt bei maximal 75 °C 6 Stunden garen.

Spanferkelrücken aus dem Vakuumiersack nehmen, Lorbeerblatt, Knoblauchzehe und Wacholderbeeren entfernen, auf einem Küchenkrepp trocken tupfen und in einer beschichteten Pfanne mit etwas Rapsöl auf der Hautseite knusprig braten.

Wirsingkopf vierteln, Strunk entfernen, Wirsing in feine Streifen schneiden und mit kaltem Wasser abwaschen. Anschließend in gut gesalzenem, kochendem Wasser bissfest kochen, abseihen, in Eiswasser abschrecken und gut abtropfen lassen.

Feinwürfelig geschnittenen Putenschinken mit etwas Olivenöl in einer beschichteten Pfanne leicht Farbe gebend anbraten, geschälte und in feine Würfel geschnittene Schalotte und etwas Kümmel dazugeben, kurz angehen lassen. Ausgedrückte Wirsingstreifen unterrühren und mit Kokosmilch aufgießen. Wirsing leicht einkochen lassen, mit einem Hauch frisch geriebener Muskatnuss, Meersalz und weißem Pfeffer abschmecken.

Zutaten für 4 Personen

SPANFERKEL

800 Spanferkelrückenstrang mit Rippenknochen und Schwarte
weißer Pfeffer aus der Mühle
1 Rosmarinzweig
1 Thymianzweig
1 Lorbeerblatt
4 Wacholderbeeren
3 Knoblauchzehen
1 TL ganzer Kümmel
Rapsöl zum Beträufeln und Braten
etwas Naturjus

WIRSING

1 kleiner, junger Wirsingkopf
Maldon Meersalz
30 g Putenschinken
1 EL Olivenöl
1 Schalotte
etwas ganzer Kümmel
250 ml Kokosmilch
Muskatnuss
Maldon Meersalz
weißer Pfeffer aus der Mühle

Mein Tipp

Wer über kein Vakuumiergerät verfügt, kann den Spanferkelrücken mit den Gewürzen fertig vorbereitet auch beim Fleischhauer vakuumieren lassen.

Im Vakuum gegarter Spanferkelrücken

mit Kümmel und cremigem Kokoswirsing

Kalbsfilet in der Rosmarinkruste

mit Granatapfel, Steinpilzen und Eierschwammerln

Zutaten für 4 Personen

KALBSFILET

600 g Kalbsfilet
weißer Pfeffer aus der Mühle
Koriander aus der Mühle
3 frische Rosmarinzweige
Olivenöl
Maldon Meersalz

GRANATÄPFEL

4 vollreife Granatäpfel
30 g brauner Rohrzucker
3 Pimentkörner
Maldon Meersalz
2 cl Zitronensaft
120 ml kräftiger Rotwein

SCHWAMMERL

250 g frische, kleine Eierschwammerl
300 g frische, kleine Steinpilze
2 Schalotten
1 Knoblauchzehe
Olivenöl
Maldon Meersalz
weißer Pfeffer aus der Mühle
etwas fein gehackte Petersilie

Zubereitung

Kalbsfilet mit kaltem Wasser kurz abwaschen und mit Küchenkrepp trocken tupfen. Mit einem scharfen Messer von Fett, Silberhaut und Sehnen befreien. Mit etwas weißem Pfeffer und Koriander aus der Mühle leicht würzen, in fein gehacktem Rosmarin wälzen und damit einreiben. Darauf achten, dass das Fleisch so viel Rosmarin wie möglich aufnimmt. Auf leicht mit Olivenöl eingeriebene Alufolie legen, straff darin einwickeln und die Enden gut eindrehen.

In einem mittlerem Topf Wasser zum Kochen bringen, vom Feuer ziehen. Kalbsfilet bedeckt von heißem Wasser ca. 14–16 Minuten knapp unter dem Siedepunkt ziehend garen lassen. Aus dem Wasser nehmen und ca. 10 Minuten rasten lassen.

Aus der Folie nehmen und in einer beschichteten Pfanne mit etwas Olivenöl rundherum kurz und leicht Farbe gebend anbraten. Aus der Pfanne nehmen, nochmals kurz rasten lassen. In Medaillons schneiden und mit Maldon Meersalz und einigen Tropfen Olivenöl würzen.

Granatäpfel halbieren, Fruchtfleisch vorsichtig herauslösen, austretende Flüssigkeit auffangen. 4 Esslöffel schöne, rote Fruchtperlen für die Einlage beiseite stellen. Restliches Fruchtfleisch mit braunem Rohrzucker, Pimentkörnern, einer Prise Meersalz, Zitronensaft und Rotwein aufkochen und bei kleiner Flamme auf etwas mehr als die Hälfte einkochen lassen. Abkühlen lassen, durch ein feines Passiersieb streichen, nochmals kurz zum Kochen bringen und die Einlage dazugeben.

Eierschwammerl putzen, mit etwas kaltem Wasser vorsichtig waschen und auf Küchenkrepp abtropfen lassen. Steinpilze mit einem kleinen Messer von Erdrückständen befreien und mit einem feuchten Tuch abputzen. Feinwürfelig geschnittene Schalotten mit Steinpilzen, Eierschwammerln und der leicht angedrückten Knoblauchzehe in einer vorgewärmten Pfanne mit etwas Olivenöl erhitzen. Für einige Minuten in den auf 140 °C vorgewärmten Backofen stellen und goldgelb schmoren. Kurz vor dem Anrichten mit etwas Meersalz, weißem Pfeffer aus der Mühle und Petersilie abschmecken.

Zutaten für 4 Personen

STUBENKÜKEN

8 Stubenkükenbrüste
weißer Pfeffer aus der Mühle
etwas Rapsöl
1 Rosmarinzweig
Maldon Meersalz

LACK

120 ml dunkles Bier
5 EL Agaven-Dicksaft
1 TL fein gehackter Ingwer
1½ EL Ketchup
1 EL Sherryessig
etwas schwarzer und weißer Sesam

KAROTTEN-INGWER-PERLGRAUPEN

600 ml frisch gepresster Karottensaft
180 g Perlgraupen
1 in feine Würfel geschnittene Schalotte
1 Stück junger Ingwer
1 geschälte und in gleichmäßige
kleine Würfel geschnittene Karotte
2 TL Muscovadozucker
etwas Pinienkernöl
80 ml weißer Portwein
80 ml Noilly Prat
220 ml kräftiger Geflügelfond
Maldon Meersalz
weißer Pfeffer aus der Mühle
etwas Bergkäse
etwas Thai-Basilikum

2 Urkarotten
etwas Olivenöl
einige Tropfen Limettensaft
Scarlet-Kresse

Zubereitung

Flügelknochen der Stubenküken von Fleisch und Sehnen befreien. Zuputzen, mit einem Hauch weißem Pfeffer auf der Innenseite leicht würzen, in einer beschichteten, vorgewärmten Pfanne mit etwas Rapsöl auf der Hautseite einlegen und schön Farbe gebend anbraten. Brüste wenden, kurz auf der Innenseite angehen lassen, Pfanne vom Feuer nehmen und Brüste für ca. 3–4 Minuten ziehen lassen.

Für den Lack alle Zutaten in einer kleinen Sauteuse gut miteinander glattrühren, zum Kochen bringen und unter ständigem Rühren auf ein Drittel einkochen. Mit einem Stabmixer aufmixen, Stubenkükenbrüste damit bepinseln und mit dem Salamander leicht Farbe gebend glacieren.

Karottensaft auf ein Viertel einkochen, mit einem Stabmixer kurz mixen und bis zur weiteren Verwendung beiseite geben. Perlgraupen in lauwarmem Wasser gut 1 Stunde quellen lassen. Schalottenwürfel mit dem geschälten und in kleine Würfel geschnittenen Ingwer, Karottenwürfeln, Muscovadozucker und Pinienkernöl in einer vorgewärmten kleinen Sauteuse leicht karamellisieren lassen.

Mit weißem Portwein und Noilly Prat ablöschen, Karottensaftreduktion dazugeben, mit der Hälfte des Geflügelfonds aufgießen. Zum Kochen bringen, abgespülte, abgetropfte Perlgraupen beigeben.

Salzen, pfeffern, zugedeckt 8–10 Minuten leicht köcheln lassen. Von der Flamme nehmen und weitere 20 Minuten zugedeckt quellend ziehen lassen. Nach und nach mit dem restlichen Geflügelfond aufgießen. Zum Kochen bringen und zu einer cremigen Masse verarbeiten. Unmittelbar vor dem Servieren mit etwas Bergkäse und einigen feinen, frischen Thai-Basilikumblättern vollenden.

Urkarotten schälen und in hauchdünne Streifen schneiden, mit Olivenöl und Limettensaft marinieren. Mit Kresse garnieren.

Lackiertes Stubenküken

mit Karotten-Ingwer-Perlgraupen

Lammrückenfilet mit Basilikum-Oliven-Kruste,

Tomaten-Couscous und
geschmorten Strauchtomaten

Zutaten für 4 Personen

LAMMRÜCKEN

600 g zugeputztes, gereiftes Lammrückenfilet
weißer Pfeffer aus der Mühle
Maldon Meersalz
200 g Basilikum-Oliven-Kruste (siehe Seite 162)
1 Schalotte
2 EL Olivenöl
2 Knoblauchzehen
1 Thymianzweig
150 ml kräftiger Rotwein
200 ml Geflügeljus
1 rohe, mehlige Kartoffel zum Binden
dunkler, süßer Balsamico-Essig

TOMATEN-COUSCOUS

1 Schalotte
1 Knoblauchzehe
2 EL Olivenöl
200 g Tomatenwürfel
Kreuzkümmel
gemahlener Kardamom
Maldon Meersalz
weißer Pfeffer aus der Mühle
220 ml Tomatenklarsaft
200 g Couscous
1 Basilikumzweig
30 g Pecorino

STRAUCHTOMATEN

250 g Strauchtomaten mit Rispe
etwas Olivenöl
Meersalz
schwarzer Pfeffer aus der Mühle
2 Knoblauchzehen
2 Thymianzweige

Zubereitung

Lammrücken mit etwas Pfeffer würzen und in einer Pfanne leicht Farbe gebend anbraten. Aus der Pfanne nehmen, auf Küchenkrepp trocken tupfen, salzen und mit 3 mm dicken Scheiben Kruste belegen. Im auf 120 °C vorgewärmten Backofen ca. 12–16 Minuten (Kerntemperatur 52 °C) garen.

Lamm aus dem Ofen nehmen, kurz rasten lassen und kurz vor dem Anrichten die Kruste Farbe gebend im Salamander oder im Backofen bei reiner Oberhitze rasch überbacken. Aufschneiden und mit Meersalz würzen.

Schalotte schälen und in feine Streifen schneiden. Mit Olivenöl und den leicht angedrückten Knoblauchzehen leicht anschwitzen. Thymianzweig dazugeben, mit Rotwein ablöschen, zum Kochen bringen und auf die Hälfte reduzieren lassen.

Mit Geflügeljus aufgießen, nochmals auf die Hälfte reduzieren, mit etwas fein geriebener rohen Kartoffel binden und durch ein feines Passiersieb abseihen. Mit einem Hauch dunklem, süßen Balsamico-Essig verfeinern.

Für den Couscous Schalotte und Knoblauchzehe schälen und in feine, kleine Würfel schneiden. In einer beschichteten Sauteuse mit etwas Olivenöl leicht Farbe gebend anschwitzen, Tomatenwürfel dazugeben, mit einem Hauch Kreuzkümmel und Kardamom, etwas Meersalz und Pfeffer würzen. Auf kleiner Flamme leicht köcheln lassen.

Tomatenklarsaft zum Kochen bringen, über den Couscous gießen und zugedeckt quellen lassen. Wenn die Flüssigkeit vollkommen aufgesogen ist, Couscous mit einer Gabel auflockern, unter die Tomaten mischen und nochmals erhitzen. Falls notwendig nochmals nachwürzen und mit frisch gehacktem Basilikum und frisch geriebenem Pecorino verfeinern.

Strauchtomaten gut waschen, auf Küchenkrepp abtropfen lassen und mitsamt der Stängel in 4 Teile schneiden. Auf ein mit Backpapier ausgelegtes Blech geben, mit Olivenöl beträufeln und mit Meersalz und schwarzem Pfeffer würzen. Zerdrückte Knoblauchzehen und Thymianzweige über den Tomaten verteilen und im Backofen bei 180 °C ca. 15–20 Minuten schmoren.

Lammrücken in Koriander-Erdnuss-Kruste

mit Massaman Curry, Wurzelgemüse und Erdnusscreme

Zubereitung

Erdnüsse mit Korianderkörnern in einer beschichteten Pfanne unter öfterem Wenden goldgelb rösten. Abkühlen lassen und in einer Moulinette kurz mahlen.

Lammrücken mit etwas Pfeffer würzen und in einer Pfanne leicht Farbe gebend anbraten. Rücken aus der Pfanne nehmen und im auf 120 °C vorgewärmten Backofen ca. 12–16 Minuten (Kerntemperatur 52 °C) garen.

Aus dem Ofen nehmen, mit Küchenkrepp trocken tupfen, mit etwas Erdnussbutter einstreichen und in die Erdnusskruste drücken. An einem warmen Ort kurz rasten lassen, wenn möglich unmittelbar vor dem Anrichten die Kruste Farbe gebend mit dem Salamander oder im Backofen bei reiner Oberhitze kurz erwärmen. Aufschneiden, mit Meersalz würzen.

Wurzelgemüse in leicht gesalzenem Wasser kurz blanchieren, in Eiswasser abschrecken, abtropfen lassen und mit Küchenkrepp trocken tupfen.

Unmittelbar vor dem Servieren Ofentomaten warmstellen und Wurzelgemüse mit Petch-Siam-Auberginen in etwas Erdnussöl mit etwas kalter Butter leicht Farbe gebend anschwitzen.

Mein Tipp

Als Beilage empfiehlt sich Duftreis mit asiatischen Aromen.

Zutaten für 4 Personen

LAMMRÜCKEN

180 g Erdnüsse
2 EL Korianderkörner
800 g zugeputzter, gereifter Lammrücken mit Rippenknochen
weißer Pfeffer aus der Mühle
etwas Erdnussbutter
Maldon Meersalz

WURZELGEMÜSE

150 g in dünne Stifte geschnittene Karotten
150 g in dünne Stifte geschnittene Gelbe Rüben
150 g in dünne Stifte geschnittener Knollensellerie
Maldon Meersalz
120 g ofengetrocknete Cherrytomaten
80 g in dünne Stifte geschnittene Petch-Siam-Auberginen
etwas Erdnussöl
etwas Butter

ANRICHTEN

400 ml Massaman Curry (siehe Seite 164)
Veronelli-Olivenöl der Sorte Itrans, Madonna dell'Olivo, Kampanien, zum Parfümieren
2 EL geröstete und leicht zerhackte Erdnüsse
griechisches Basilikum

Langer Pfeffer und Rehrücken

mit Viktoria-Ananas, Chili und Romanesco

Zutaten für 4 Personen

REHRÜCKEN

600 g sauber pariertes Rehrückenfilet
etwas Geflügelfarce zum Einreiben
Pfeffergewürzmantel (siehe Seite 181)
Rapsöl
Maldon Meersalz

SAUCE

3 EL Walnussöl
100 g Schalotten
110 g Brombeeren
30 g gestoßener Langer Pfeffer
1 halbierte, entkernte und gut gewaschene Chili
½ Rosmarinzweig
100 g Cassispüree
120 ml roter Portwein
¼ l kräftiger Rotwein
¼ l Rehjus
1 mehlige, geschälte Kartoffel

ROMANESCO

8 blanchierte Romanescoröschen
etwas Walnussöl
Maldon Meersalz
Muskatnuss

8 Ananaswürfel
etwas Walnussöl
Rohrzucker

Zubereitung

Für die Sauce Walnussöl mit den fein geschnittenen und blanchierten Schalotten in einer Sauteuse leicht erwärmen und ohne Farbe anschwitzen. Brombeeren, Langen Pfeffer, Chili und Rosmarin beigeben und auf mittlerer Hitze kurz angehen lassen. Cassispüree dazugeben, mit Portwein und Rotwein ablöschen und auf kleiner Flamme auf die Hälfte einreduzieren.

Rehjus beigeben, ein weiteres Mal zum Kochen bringen und einige Minuten auf kleiner Flamme weiterköcheln lassen, Trübstoffe abschöpfen. Mit etwas fein geriebener, mehliger Kartoffel leicht abziehen, kurz aufkochen lassen. Vom Herd nehmen, zugedeckt ca. ½ Stunde ziehen lassen. Abschließend nochmals aufkochen, durch ein feines Nylonsieb passieren und abschmecken.

Rehrückenfilet mit Küchenkrepp trocken tupfen. Mit etwas Geflügelfarce einreiben, gut in der Pfeffergewürzmantel-Masse wälzen, dabei leicht in die Masse drücken. Kurz und leicht abschütteln. In einer vorgewärmten Pfanne auf allen Seiten mit etwas Rapsöl ohne viel Farbe zu geben anbraten.

Aus der Pfanne nehmen und im auf 120 °C vorgewärmten Backofen bis zum Erreichen einer Kerntemperatur von 52 °C garen. Je nach Stärke des Rückens sind dies etwa 12–15 Minuten Garzeit. Filet aus dem Ofen nehmen und 10 Minuten mit einer Folie zugedeckt an einem warmen Ort rasten lassen. Unmittelbar vor dem Anrichten Rehrücken aufschneiden und mit Maldon Meersalz würzen.

Romanesco-Röschen mit einigen Tropfen Walnussöl in einer Pfanne leicht Farbe gebend angehen lassen. Kurz vor dem Servieren mit etwas Meersalz und einem Hauch Muskatnuss abschmecken.

Kurz vor dem Anrichten Ananaswürfel in einer beschichteten Pfanne mit etwas Walnussöl auf kleiner Flamme mit einem Hauch Rohrzucker leicht karamellisierend anbraten.

Mein Tipp

Als Beilagen empfehlen sich Kartoffelgnocchi oder Topfenknödel.

Zutaten für 4 Personen

GEFÜLLTE WACHTEL

4 Imperial-Wachteln
Rosmarin-Brioche
Rapsöl
weißer Pfeffer aus der Mühle

BELUGALINSEN

100 g Belugalinsen
1 kleine Karotte
1 kleine Gelbe Rübe
30 g Knollensellerie
40 g Lauch
1 geschälte und in feine Würfel geschnittene Schalotte
30 g in feine Würfel geschnittener Putenschinken
etwas Olivenöl
60 ml Weißwein
1 frisches Lorbeerblatt
Maldon Meersalz
¼ l Geflügelfond
2 EL gehackte Petersilie
etwas süßer Balsamico-Essig

Zubereitung

Wachteln mit kaltem Wasser innen und außen abwaschen, mit Küchenkrepp gut trocknen und hohl auslösen (vom Rücken her Karkassen so auslösen, dass die Haut ganz bleibt und die Flügel und Keulenknochen dran bleiben).

Brioche-Füllung mit einem Dressiersack in die Wachteln füllen, sodass sie die ursprüngliche Form behalten. Wachteln mit etwas Rapsöl einreiben und mit etwas frisch gemahlenem weißem Pfeffer würzen.

Restliche Brioche-Füllung in einer leicht geölten Alufolie zu einer 3–4 cm dicken Rolle formen. In den Backofen geben, wenn die Wachteln hineinkommen.

Aus Alufolie 4 keine, doppelt gelegte Rechtecke formen und mit einigen Tropfen Rapsöl einreiben. Gefüllte Wachteln mit der Brustseite nach oben darauf setzten, Alufolie so eindrehen, dass die Wachteln in einem ca. 1 cm hohen Schälchen kompakt zusammenhaltend eingefasst sind. Wachteln 15–20 Minuten im auf 200 °C vorgeheizten Backofen garen.

Belugalinsen in kaltem Wasser einweichen und quellen lassen, abseihen, in ungesalzenem, wallendem Wasser 2 Minuten blanchieren, abseihen und abschrecken. Karotte, Gelbe Rübe, Knollensellerie und Lauch waschen, soweit notwendig schälen und alles in feine Würfel schneiden.

Schalotten- und Putenschinkenwürfel mit Olivenöl in einem kleinen Topf auf mittlerer Hitze unter ständigem Rühren leicht Farbe gebend anschwitzen, Gemüsewürfel und Belugalinsen beigeben, kurz anschwitzen und mit Weißwein ablöschen. Lorbeerblatt beigeben, mit etwas Meersalz und weißem Pfeffer aus der Mühle würzen und unter mehrmaligem Aufgießen mit Geflügelfond auf mittlerer Flamme langsam weich dünsten. Kurz vor dem Anrichten mit einigen Tropfen Balsamico-Essig und frisch gehackter Petersilie vollenden.

Rotwein mit Banjuls und Rosmarin in einer kleinen Sauteuse auf ca. 150 ml reduzierend einkochen, mit ein wenig frisch geriebener, roher Kartoffel leicht abziehen. Nochmals kurz zum Kochen bringen, durch ein feines Passiersieb seihen und mit etwas Pfeffer und einigen Meersalzflocken pikant abschmecken.

Mein Tipp

Die Imperial-Wachtel ist nicht nur die größte, sondern gilt auch als die beste unter den Wachteln.

Mit Rosmarinbrioche gefüllte Imperial-Wachtel

mit Belugalinsen und Rotwein-Rosmarin-Glace

ROTWEIN-ROSMARIN-GLACE

350 ml kräftiger Rotwein
¼ l Banjuls (ersatzweise roter Portwein)
1 Rosmarinzweig
1 mehlige Kartoffel
schwarzer Pfeffer aus der Mühle
Maldon Meersalz

Perlhuhn
mit jungen Kräutern

und Heublumen in der Steinsalzkruste
mit Safran-Kurkuma-Mayonnaise

Zutaten für 4 Personen

PERLHUHN

1 ausgenommenes Perlhuhn à 1100 g
2 Rosmarinzweige
2 Salbeizweige
1 unbehandelte Zitrone
2 EL Olivenöl
schwarzer Pfeffer aus der Mühle
½ Bd. Estragon
einige Heublumen

STEINSALZKRUSTE

5 Eiweiß
1,8 kg grobes Steinsalz
400 g feines Steinsalz

SAFRAN-KURKUMA-MAYONNAISE

2 cl Pernod
einige Safranfäden
2 Eigelb
1 Prise Salz
½ TL Dijonsenf
1 Msp. fein gehackter Knoblauch
1 TL Kurkumapulver
1 Prise Cayennepfeffer
1 Spritzer Worcestershiresauce
1 unbehandelte Zitrone
240 ml Olivenöl
etwas frische Kräuter (z.B. Petersilie,
Basilikum, Thymian) zum Verfeinern

Zubereitung

Perlhuhn mit kaltem Wasser innen und außen gut abspülen und mit Küchenkrepp trocken tupfen. Rosmarinnadeln und Salbeiblätter zupfen, mit feinem Zitronenabrieb und Olivenöl vermischen. Mit den Fingern vorsichtig, am besten vom Hals her, die Haut von den Brüsten lösen, Kräutermischung zwischen Haut und Fleisch gleichmäßig verteilen.

Perlhuhn innen mit Pfeffer würzen, restliche Kräuter grob schneiden, mit einer Handvoll Heublumen vermengen und den Bauchraum der Perlhühner damit füllen.

Eiweiß mit 3 EL Wasser gut verquirlen, mit Steinsalz gut vermengen. Auf einem mit Backpapier ausgelegten Backblech ungefähr ein Fünftel des Salzteiges in der Größe des Perlhuhns verteilen. Perhuhn mit Heublumen leicht bedecken, etwas andrücken und auf das Backblech setzten. Mit dem restlichen Salzteig umhüllen, auf der untersten Schiene im vorgeheizten Backofen bei 210 °C 1 Stunde garen. Aus dem Ofen nehmen, Kruste vor dem Servieren vorsichtig aufschlagen und abheben, tranchieren.

Pernod mit Safran leicht erwärmen, beiseite geben und 10 Minuten ziehen lassen. In einem Schneekessel Eigelb mit Salz, Dijonsenf, fein gehacktem Knoblauch, Kurkuma, Cayennepfeffer, Worcestershiresauce, einem Hauch Zitronenabrieb sowie etwas frisch gepresstem Zitronensaft mit einem Schneebesen gut verrühren.

Unter ständigem Rühren tropfenweise zimmertemperiertes Olivenöl einfließen lassen. Wenn die Mayonnaise zu binden beginnt, Ölfluss erhöhen. Mayonnaise würzig-pikant abschmecken und mit frisch gehackten Kräutern verfeinern.

Mein Tipp

Als Beilage empfehle ich junges, gebratenes Sommergemüse.

Zubereitung

Schalotten und Gemüse mit etwas Olivenöl in einer beschichteten Pfanne unter ständigem Rühren glasig anschwitzen. Ganslfleisch beigeben, kurz durchschwenken und mit Portwein und Rotwein ablöschen. Unter ständigem Rühren solange reduzieren, bis die Flüssigkeit restlos eingekocht und eine dicke Masse entstanden ist.

Mit Salz und Pfeffer pikant abschmecken und mit den fein geschnittenen Kräutern sowie etwas frisch geriebener Zitronenschale verfeinern und aromatisieren.

Nudelteig in 2 Teile schneiden, auf bemehltem Untergrund mit den Handballen gleichmäßig plattdrücken und mit der Nudelmaschine (falls nicht vorhanden mit einem Rollholz) hauchdünn ausrollen. Mit verquirltem Ei bepinseln.

Aus der überkühlten Ganslfülle haselnussgroße Kugeln formen und nebeneinander auf den ersten Nudelteigteil setzen, dabei genügend Abstand einhalten. Mit dem zweiten Nudelteigteil bedecken. Fülle gut andrücken und mit einer Ausstechform ausstechen. In leicht wallendem Salzwasser 6–8 Minuten kochen.

Für das Tomatenfondue Schalotten schälen, in feine Würfel schneiden und kurz blanchieren. Mit etwas Muscovadozucker in etwas Olivenöl ohne Farbe zu geben anschwitzen. Mit Tomatensaft aufgießen und auf kleiner Flamme leicht reduzierend köcheln lassen. Tomatenwürfel untermengen, mit etwas Meersalz und einem Hauch Pfeffer würzen. Nochmals kurz erhitzen, mit frisch geschnittenen Salbeiblättern und fein gehackten Rosmarinnadeln sowie einigen Tropfen Olivenöl abschmecken.

Mein Tipp

Als Fülle für die Ravioli schmeckt auch ausgezeichnet eine pikante Masse aus Tofu, Ziegenkäse oder frischem Ziegentopfen.

Zutaten für 4 Personen

GANSL-RAVIOLI

400 g geschmortes und in kleine Würfel geschnittenes Gänsefleisch
40 g fein geschnittene Schalotten
100 g in feine Würfel geschnittenes Gemüse (Karotten, Gelbe Rüben und Sellerie)
4 cl roter Portwein
150 ml kräftiger Rotwein
Maldon Meersalz
schwarzer Pfeffer aus der Mühle
1 Basilikumzweig
1 Thymianzweig
2 Petersilienzweige
etwas Liebstöckel
etwas Beifuß
1 unbehandelte Zitrone
Nudelteig (siehe Seite 171)
1 Ei

TOMATENFONDUE

2 Schalotten
etwas Muscovadozucker
Olivenöl
200 ml Tomatenklarsaft
400 g Tomatenwürfel
Maldon Meersalz
weißer Pfeffer aus der Mühle
2 Salbeizweige (ca. 16 kleine Blätter)
1 Rosmarinzweig

Ravioli vom geschmorten Gansl

mit Tomatenfondue, Salbei und Rosmarin

DESSERTS

Crema Catalana von der Kokosnuss

mit schwarzen Oliven, Olivenöl und Thai-Mango

Zutaten für 4 Personen

CREMA CATALANA

300 ml Kokosmilch
80 ml Sojamilch
1 Bourbon-Vanilleschote
1 unbehandelte Zitrone
1 Prise Salz
10 g Maisstärke
3 Eigelb
90 g Akazienhonig
15 g Kokosflocken
etwas feiner brauner Zucker
zum Abflämmen

THAI-MANGO MIT OLIVEN

40 g schwarze Oliven
Salz
100 g Rohrzucker
2 reife Thai-Mango
1 unbehandelte Limette
etwas Veronelli-Olivenöl der Sorte
Nocellara del Belice, Planeta, Sizilien

griechisches Basilikum zum Garnieren

Zubereitung

Kokos- und Sojamilch mit Vanillemark, Zitronenabrieb und Salz aufkochen und mit Maisstärke abziehen. Eigelb und Akazienhonig schaumig schlagen, sofort vorsichtig unter die noch heiße Milchmasse rühren und anschließend durch ein feines Passiersieb streichen.

Kokosflocken in die noch heiße Masse einrühren, in 10 flache Schalen abfüllen. Im vorgeheizten Backrohr bei 120 °C ca. 12–15 Minuten fertig garen. Aus dem Ofen nehmen, mit Folie bedecken und mindestens 4–6 Stunden kühl stellen.

Kurz vor dem Servieren mit wenig braunem Zucker bestreuen. Rohrzucker mit einem Bunsenbrenner leicht so beflammen, dass der Rohrzucker nicht zu viel Hitze auf einmal bekommt und gleichmäßig hellbraun karamellisieren kann.

Oliven zwei bis drei Mal kurz in leicht gesalzenem Wasser blanchieren, jeweils mit frischem Wasser kurz nachschwemmen und abwaschen. In einer Lösung aus Zucker und 120 ml Wasser ½ Stunde leise köcheln lassen. Oliven aus der Flüssigkeit nehmen, im Backofen bei 70 °C ca. 1 Stunde kandieren und in kleine, gleichmäßig große Würfel schneiden.

Thai-Mangos schälen, entkernen und in ca. ½ cm große Würfel schneiden. Mango und Oliven in einer Schüssel vorsichtig miteinander vermengen, mit etwas Abrieb und ein wenig frisch gepresstem Limettensaft verfeinern und mit Olivenöl parfümieren und vollenden.

Cremeschnitte mit Basilikum-Buttermilch

und eingelegten Zwergorangen

 **Zutaten** für 4 Personen

BASILIKUM-BUTTERMILCH-CREME

220 ml Buttermilch
1 EL Basilikumpaste
45 g heller, feiner Rohrzucker
3 Blatt Gelatine
220 ml Sahne (bevorzugt Ziegensahne)
24 Strudelteigblätter à 9 x 4 cm
etwas Staubzucker

ZWERGORANGEN

350 ml frisch gepresster Orangensaft
100 ml weißer Portwein
3 EL brauner Rohrzucker
½ Vanilleschote
2 Nelken
2 Sternanis
etwas geriebene Orangenschale
250 g Zwergorangen
6 cl Grand Marnier

4 Kugeln Basilikum-Eis

Zubereitung

Buttermilch mit Basilikumpaste und Rohrzucker glattrühren und durch ein feines Passiersieb streichen. In kaltem Wasser eingeweichte Gelatine in etwas erwärmter Buttermilch auflösen, langsam in die restliche Basilikum-Buttermilch-Mischung einrühren.

Masse auf Eiswasser setzen und unter ständigem Rühren runterkühlen. Sobald sie leicht zu gelieren beginnt, nicht ganz ausgeschlagene Sahne vorsichtig unterarbeiten. Mit Frischhaltefolie zudecken und mehrere Stunden kühl stellen.

Strudelteigblätter mit Staubzucker leicht bestauben, auf ein Backblech setzen und im vorgewärmten Backofen 200 °C vorsichtig goldbraun karamellisieren lassen.

Buttermilch-Basilikum-Creme in einen Dressiersack mit kleiner Tülle einfüllen, streifenweise Creme auf die Strudelteigblätter aufspritzen, mit einem neuen Strudelteigblatt bedecken, wiederum Creme, dann wiederum ein Strudelteigblatt darauf geben und so Schicht für Schicht die Cremeschnitten zusammensetzen.

Orangensaft, Portwein, braunen Zucker, Vanillemark, Nelken, Sternanis und einen Hauch frischen Orangenschalenabrieb in einem Topf zum Kochen bringen, auf 200 ml reduzieren und durch ein feines Passiersieb gießen.

Zwergorangen mit warmem Wasser gut abwaschen, trocken tupfen, der Länge nach halbieren und mit einen Kaffeelöffel das Innere so herauslösen, dass nur die Schale übrig bleibt. Zwergorangen mit Orangenreduktion und Grand Marnier vermengen, mit einer Folie abdecken und über Nacht zum Marinieren kühl stellen.

Marinierte Zwergorangen unter vorsichtigem ständigem Rühren aufkochen und auf kleiner Flamme unter regelmäßigem Rühren reduzierend einköcheln lassen, vom Feuer nehmen und kalt stellen.

Zutaten für 4 Personen

ANANASPARFAIT

800 ml Ananassaft
1 Limette
6 Sternanis
2,5 Blatt Gelatine
2 EL Agavendicksaft
180 ml Sahne
1 EL fein gehacktes Basilikum

MATCHA-MARSHMELLOWS

200 g heller Muscovadozucker
1 ½ EL Matchapulver
7 Blatt Gelatine
½ Limette
1 Eiweiß
2 EL Staubzucker
Kartoffelstärke für die Form

FRUCHT-RELISH

1 Babybanane
3 Passionsfrüchte
1 TL fein geschnittenes Zitronengras
1 EL in feine Würfel geschnittener junger Ingwer
2 EL in feine Würfel geschnittene Ananas

GARNITUR

3 EL Veronelli-Olivenöl
der Sorte Biancolilla, Planeta, Sizilien
etwas Vanillemark
20 Scheiben Mini-Ananas
16 feine, kleine Basilikumblätter

Zubereitung

Ananassaft und Saft der Limette in einem Topf mit Sternanis auf 380 ml reduzieren. Vom Feuer nehmen, in kaltem Wasser eingeweichte Gelatine darin auflösen und mit Agavendicksaft und Sahne glattrühren.

Alles durch ein feines Passiersieb seihen, abkühlen lassen, gehacktes Basilikum einrühren und in einen großen Sahnebläser füllen. Mit 2 Sahnepatronen laden und 2 Stunden im Kühlschrank ruhen lassen. Kurz aufschütteln, in 4 Formen einspritzen, glattstreichen und für mindestens 6 Stunden tiefkühlen.

Muscovadozucker mit Matchapulver und 50 ml Wasser zum Kochen bringen und weitere 3 Minuten ohne dabei umzurühren auf kleiner Flamme köcheln lassen. Vom Feuer nehmen und in kaltem Wasser eingeweichte Gelatineblätter darin auflösen. Saft der halben Limette beigeben und kühl stellen.

Eiweiß in einer Schüssel halbsteif schlagen, Staubzucker beigeben und weiter aufschlagen, bis der Schnee feinporig und vollkommen steif ist. Vorsichtig unter den Grünteesirup heben, in eine mit Kartoffelstärke ausgepuderte Form gießen und mindestens 4 Stunden erkalten lassen. Anschließend in gleichmäßig große Würfel schneiden.

Für das Frucht-Relish Banane pürieren, mit Mark und Kernen der Passionsfrüchte, Zitronengras, Ingwer und Ananaswürfeln gut verrühren und 1 Stunde marinieren lassen.

Olivenöl mit Vanillemark gut vermengen, Ananasscheiben damit marinieren.

Das Beste von Ananas und grünem Tee

mit Basilikum

Exotic Sorbet mit Ingwer,

Zitronengras und Kurkuma
an marinierten Früchten

Zutaten für 4 Personen

SORBET

2 EL Honig
1 EL geschälter und in feine Würfel
geschnittener Ingwer
1 Zitronengrashalm
250 g frisch gepresster Ananassaft
100 g Orangensaft
2 TL Kurkuma
150 g Tamarindenmark
1 Blatt Gelatine
250 g Mangopüree

MARINIERTE FRÜCHTE

¼ l frisch gepresster Ananassaft
1 unbehandelte Orange
1 unbehandelte Limette
1 Vanilleschote
6 Sternanis
4 Nelken
12 Pimentkörner
1 Lorbeerblatt
2 EL Honig
etwas Kartoffelstärke zum Binden

je nach Verfügbarkeit frische Ananas, Litschi, Mango,
Melonen, Papayas, Tamarillos, Erdbeeren …

Zubereitung

Honig mit Ingwer und fein geschnittenem Zitronengras erwärmen, mit Ananas- und Orangensaft aufgießen, Kurkuma und Tamarindenmark dazugeben. Zum Kochen bringen und zugedeckt 15 Minuten ziehen lassen.

Ansatz mit einem Pürierstab leicht mixen und durch ein Passiersieb streichen. In kaltem Wasser eingeweichte Gelatine im noch warmen Fond auflösen, Mangopüree einrühren, in einen Pacojetbecher einfüllen, tiefkühlen und ca. ½ Stunde vor dem Servieren pacossieren (oder in einer Eismaschine frieren).

Für die Marinade der Früchte Ananassaft zusammen mit etwas fein geschälter Orangen- und Limettenschale, Vanillemark, Gewürzen und Honig aufkochen.
Auf die Hälfte reduzieren, mit etwas Stärke leicht abziehen, abdecken und 24 Stunden ziehen lassen.

Am folgenden Tag Früchte in die gewünschte Form schneiden, mit leicht erwärmter, durch ein feines Passiersieb passierter Marinade übergießen und nochmals kurz darin marinieren lassen.

Zutaten für 4 Personen

ROSMARINBIRNE

4 kleine, aromatische Birnen (bevorzugt Gute Luise)
Saft ½ Zitrone
20 g heller Rohrzucker
1 EL Rosmarinhonig
3 Gewürznelken
2 Pimentkörner
125 ml trockener Weißwein
½ Vanilleschote
1 Rosmarinzweig
125 ml Birnensaft

BITTERSCHOKOLADENEIS

480 ml Kokosmilch
100 g feiner brauner Rohrzucker
1 Ei
2 Eigelb
2 cl Rum
170 g Bitterschokolade
25 g Kakaopulver

Rosmarinsabayon (siehe Seite 163)

Zubereitung

Birnen schälen, Kerngehäuse mit einem Parisienne-Ausstecher ausstechen. Sofort mit Zitronensaft vorsichtig einpinseln.

Zucker zusammen mit Honig leicht karamellisieren, Nelken und Pimentkörner dazugeben, sofort mit Weißwein ablöschen und zum Kochen bringen. Vanillemark sowie gerebelte Rosmarinnadeln dazugeben, mit Birnensaft aufgießen und Birnen im leicht köchelnden Birnenfond ca. 3 Minuten zugedeckt dünsten lassen. Vom Feuer nehmen und im Fond auskühlen lassen.

Kokosmilch mit 50 g Rohrzucker unter ständigem Rühren zum Kochen bringen. Ei zusammen mit dem restlichen Rohrzucker und Eigelb über Dampf auf einem Wasserbad schaumig schlagen, Kokosmilch einrühren und die Masse mit einem Kochlöffel auf dem heißen Wasserbad unter ständigem Rühren zur Rose abziehen (die Flüssigkeit muss solange erhitzt werden, bis sie beginnt leicht zu binden).

Vom Feuer nehmen, Rum hinzufügen. Geschmolzene Schokolade und Kakaopulver in die Masse einarbeiten. Fertige Masse durch ein feines Passiersieb streichen und in der Eismaschine zu cremigem Eis verarbeiten oder im Pacojet-Becher für mindestens 12 Stunden tiefkühlen.

Sorbet 1 Stunde vor dem Anrichten pacossieren und wieder tiefkühlen.

Gedünstete Rosmarinbirne

mit Bitterschokoladeneis
und Rosmarinsabayon

Zutaten für 4 Personen

HALBGEFRORENES

4 Eigelb
1 unbehandelte Zitrone
80 g feiner brauner Rohrzucker
(bevorzugt Mauritiuszucker)
1 Vanilleschote
½ Rosmarinzweig
4 cl Himbeergeist
1 EL Honig
1 ½ Blatt Gelatine
200 ml Ziegensahne
250 g Ziegenjoghurt (3,5 %)

BEEREN

2 EL brauner Rohrzucker
(bevorzugt Mauritiuszucker)
100 g Himbeeren
60 ml kräftiger Rotwein
60 ml Cassis-Likör
2 Sternanis
etwas Zitronensaft
200 g Heidelbeeren

GARNITUR

4 Ribiselrispen
Rosmarin

Zubereitung

Eigelb mit etwas feinem Zitronenabrieb, braunem Zucker sowie Vanillemark gut schaumig schlagen. Gezupfte Rosmarinnadeln sehr fein hacken und mit Himbeergeist und Honig leicht erwärmen. In kaltem Wasser eingeweichte Gelatine darin auflösen und vorsichtig unter die schaumige Dottermasse heben.

Ziegensahne steif schlagen und mit dem glattgerührten Ziegenjoghurt behutsam unterheben. Parfaitmasse in Förmchen einfüllen und mindestens 6 Stunden tiefkühlen. Unmittelbar vor dem Anrichten mit einem kleinen, warmen Löffel oder Parisienne-Ausstecher eine kleine Vertiefung ausheben und Halbgefrorenes aus den Formen geben.

Rohrzucker in einer kleinen Sauteuse leicht karamellisieren lassen, Himbeeren dazugeben und mit Rotwein und Cassis-Likör ablöschen. Sternanis und Zitronensaft dazugeben und für einige Minuten leicht köcheln lassen. Sternanis entfernen, Himbeeren mit einem Pürierstab gut mixen, durch ein feines Passiersieb streichen und Heidelbeeren in der noch warmen Sauce zum Marinieren einlegen.

Halbgefrorenes vom Ziegenjoghurt

mit Rosmarin, Heidelbeeren und Ribiseln

Zutaten für 4 Personen

MOUSSE

240 ml Holunderblütensirup
½ Rosmarinzweig
3 Blatt Gelatine
1 unbehandelte Limette
1 Eiweiß
½ EL feiner, heller Rohrzucker
200 ml Sahne

HOLUNDERBEEREN

1 EL Honig
½ Zimtstange
3 Sternanis
100 ml kräftiger Rotwein
60 ml roter Portwein
1 EL Zitronensaft
350 g gerebelte Holunderbeeren
1 Apfel
3 Blatt Gelatine

Zubereitung

Ca. zwei Drittel des Holunderblütensirups mit 2 Teelöffeln fein gehackten Rosmarinnadeln in einem kleinen Topf erwärmen, in kaltem Wasser eingeweichte und gut ausgedrückte Gelatine darin auflösen. Restlichen Sirup, etwas feinen Limettenabrieb und Saft einer halben Limette dazugeben. Kalt stellen bis es zu gelieren beginnt.

Währenddessen in einer Schüssel Eiweiß halbsteif schlagen, Rohrzucker dazugeben und zu festem, feinporigem Schnee weiterschlagen.

Gut gekühlte Sahne dreiviertelsteif schlagen. Ein Drittel davon mit einem Schneebesen unter den Sirup rühren, dann restliche Sahne und Eiweiß vorsichtig unterheben. Mousse mit Klarsichtfolie bedecken und mehrere Stunden kühl stellen.

Honig in einem kleinen Topf mit Zimt und Sternanis erwärmen, bis er leicht aufschäumt. Mit Rotwein und Portwein ablöschen, Zitronensaft dazugeben und mit der Hälfte der Beeren und dem geschälten, entkernten und fein geschnittenem Apfel unter ständigem Rühren zum Kochen bringen. Etwa 10 Minuten leicht weiterköcheln lassen.

Zimtrinde und Sternanis aus der Holunderbeerensauce nehmen und kurz mit einem Pürierstab mixen. Durch ein feines Passiersieb streichen, etwas Fruchtmark für die Garnitur beiseite geben.

In das restliche noch warme Fruchtmark die in kaltem Wasser eingeweichte Gelatine geben und auflösen. Restliche Holunderbeeren hinzufügen. Ragout in 4 große Ringe füllen, mit Frischhaltefolie abdecken und zum Gelieren mehrere Stunden kühl stellen.

Holunderblütenmousse

mit Rosmarin, Limetten und Holunderbeeren

Karamellisierte Walnusstascherl

mit süß-säuerlichem Williamsbirnenragout

Zubereitung

Für die Nussfülle Rosinen grob zerschneiden, in
lauwarmem Rum einlegen, zugedeckt am besten
über Nacht marinieren lassen. Restliche Zutaten
in einer Sauteuse zum Kochen bringen und
unter ständigem Rühren zu einer dicken Masse
reduzieren. Eingeweichte Rosinen dazugeben,
nochmals kurz erhitzen und abkühlen lassen.

Für den Teig Kokosmilch mit Walnussöl und Salz in
einer Sauteuse zum Kochen bringen. Vollkornmehl
bei kleiner Hitze in die Milch einrühren und
weiterrühren, bis ein glatter Teig entsteht, der sich vom
Kochlöffel und vom Boden der Sauteuse löst. In eine
Rührschüssel umfüllen, Eigelb schnell in den noch
heißen Teig einarbeiten. Aus der Schüssel nehmen,
auf ein bemehltes Brett legen und auskühlen lassen.

Teig mit etwas Mehl leicht stauben und auf einer
bemehlten Arbeitsfläche ca. 1½–2 mm dick ausrollen.
Mit einem runden Ausstecher 16 Scheiben von ca. 8 cm
Durchmesser ausstechen und Teigränder mit Wasser
bestreichen. Nuss-Rosinen-Fülle in kleinen Häufchen
etwas außerhalb der Mitte auf die Teigscheiben setzen,
unbelegte Teighälften über die Fülle klappen und die
Ränder gut festdrücken. Bis zum Kochen mit einem
Tuch zugedeckt auf einem leicht bemehlten Brett lagern.

Tascherl in leicht wallendem Salzwasser
ca. 6 Minuten bei kleiner Flamme ziehen lassen.
Aus dem Wasser nehmen, abtropfen lassen, in Nuss-
Zimt-Bröseln (siehe unten) wälzen und anrichten.

Für die Brösel Semmelbrösel mit Nüssen,
Vanillemark, Zimt und Staubzucker gut vermengen
und auf einem Backblech im Ofen bei 120 °C unter
mehrmaligem Durchrühren leicht rösten.

Mein Tipp

Walnusstascherl lassen sich auf Vorrat zubereiten,
da sie sich gut zum Tiefkühlen eignen.

Zutaten für 4 Personen

WALNUSSFÜLLE

40 g Rosinen
4 cl Stroh Rum
250 ml Kokosmilch
2 EL Honig
½ TL gemahlener Zimt
1 TL Kakaopulver
200 g fein gehackte Walnüsse

TEIG

300 ml Kokosmilch
1 EL Walnussöl
1 Prise Salz
160 g glattes Vollkornmehl
2 Eigelb
glattes Mehl zum Bemehlen

BRÖSEL

80 g Semmelbrösel
100 g fein geriebene Walnüsse
Vanillemark
1 Prise gemahlener Zimt
etwas Staubzucker

Birnen-Ragout (siehe Seite 162)
Scarlet-Kresse als Garnitur

Lasagne von Edelkuvertüre

mit Chili-Himbeer-Gelee
und Himbeer-Chicorée-Sorbet

Zubereitung

Kuvertüre und Kokosmilch gemeinsam unter ständigem Rühren aufkochen. Glattrühren, für einige Stunden kalt stellen, zur Weiterverarbeitung in einen Dressiersack abfüllen.

Für die Schokoladenblätter Kuvertüre über Wasserdampf erwärmen, Walnussöl einarbeiten. Hauchdünn auf Backpapier aufstreichen, erstarren lassen und mit einem warmen Messer 12 Blätter von 9 x 4 cm ausschneiden.

Chilischote der Länge nach halbieren, entkernen und unter fließend lauwarmem Wasser gut abwaschen. Chili in sehr feine, kleine Würfel schneiden, zweimal in ungesalzenem Wasser blanchieren, jeweils kurz kalt abwaschen.

Je nach gewünschter Schärfe Chili mit Himbeerklarsaft kurz erwärmen. In kaltem Wasser eingeweichte, gut ausgedrückte Gelatine darin auflösen. Noch warmes Gelee vorsichtig in eine mit Klarsichtfolie ausgelegte Form ca. 6–7 mm hoch eingießen und für mehrere Stunden kühl stellen.

Sobald das Gelee fest ist, mit einem warmen Messer in 8 Stücke zu 9 x 4 cm schneiden und bis zum Zusammensetzen der Lasagne wieder kalt stellen.

Das Zusammensetzen der Lasagne beginnt mit einer doppelreihigen Schicht Himbeeren, dann kommt Gelee und 1 Schokoladeblatt, dann wird Schokoladecreme aufgespritzt etc.

Zutaten für 4 Personen

SCHOKOLADENCREME

150 g edelbittere Kuvertüre (70 %)
200 g Kokosmilch

SCHOKOLADEBLÄTTER

150 g edelbittere Kuvertüre (70 %)
1 EL Walnussöl

HIMBEERGELEE

1 rote Chilischote
240 ml Himbeerklarsaft
4 Blatt Gelatine

GARNITUR

64 kleine Himbeeren
60 ml Himbeermark
Zitronenmelisse

4 Kugeln Himbeer-Chicorée-Sorbet
(siehe Seite 187)

Zutaten für 4 Personen

MÜRBTEIG

180 g Pflanzenmargarine
100 g feiner brauner Rohrzucker
1 Eigelb
Mark von ½ Vanilleschote
1 Msp. gemahlener Zimt
1 Prise Salz
350 g Dinkelmehl (Type 405)

BELAG

500 g Boskoop-Äpfel
Zimtpulver
etwas feiner brauner Rohrzucker
etwas passierte Marillenmarmelade
zum Aprikotieren

Cremeeis vom Schmorapfel (siehe Seite 186)
Karamellsauce als Garnitur

Zubereitung

Für den Mürbteig alle Zutaten bis auf das Dinkelmehl mit 4 cl Wasser in einer Schüssel glattrühren. Mehl dazugeben und rasch zu einem geschmeidigen Teig verarbeiten. Teig dünn ausrollen, hohe Metallringe damit auslegen, mit einer Gabel leicht anstechen und für ca. 1 Stunde kühl stellen.

Äpfel schälen, halbieren, entkernen, in feine Spalten schneiden und fächerartig auf dem Mürbteig verteilen. Mit einem Hauch Zimt und etwas Rohrzucker bestreuen und für gut ½ Stunde im auf 180 °C vorgewärmten Backofen garen.

Marillenmarmelade mit etwas Wasser verrühren, unter ständigem Rühren mit einem Schneebesen zum Kochen bringen. Frisch aus dem Ofen kommende Apfeltarte damit aprikotieren.

Mein Tipp

Teig nicht zu lange kneten, da er sonst bröckelig-brandig wird.

Warme Apfel-Tarte

mit Cremeeis vom Schmorapfel

Ziegentopfensoufflé

mit Matcha, Rhabarber und Himbeeren

Zutaten für 4 Personen

SOUFFLÉ

3 Eier
1 Prise Salz
100 g feiner, heller Rohrzucker
40 g Staubzucker
1 TL Matchapulver
1 unbehandelte Orange
½ Vanilleschote
280 g Ziegentopfen
2 TL Kartoffelstärke
Walnussöl zum Bestreichen der Tassen
Rohrzucker zum Ausstreuen der Tassen

RHABARBER

300 g roter Rhabarber
50 g Himbeeren
150 ml Weißwein
3 EL Agavendicksaft
1 kleines Stück Zimtrinde
1 Msp. Vanillemark
1 Blatt Gelatine

GARNITUR

16 frische Himbeeren
etwas Rhabarberstroh

Zubereitung

Ein tiefes Backblech auf die untere Schiene in den Backofen setzen, gut 2 cm hoch mit Wasser füllen, Ofen auf 180 °C vorheizen.

Eiweiß in einer kleinen Schüssel mit Salz halbsteif schlagen, feinen Rohrzucker beigeben und weiterschlagen, bis der Schnee feinporig und vollkommen steif ist.

Eigelb mit Staubzucker, Matchapulver, etwas frischem Orangenabrieb, 3 Esslöffel frisch gepresstem Orangensaft und Vanillemark in einem kleinen Schneekessel über Dampf dickschaumig warm aufschlagen, vom Feuer nehmen und kalt ausschlagen.

Ziegentopfen in ein Küchentuch geben, eindrehen, gut ausdrücken und in einer Schüssel glattrühren. Schaumige Eigelbmasse mit Kartoffelstärke unterrühren. Behutsam nach und nach Eischnee einarbeiten.

Fertige Soufflémasse in mit Walnussöl ausgepinselte und mit Rohrzucker bestreute feuerfeste Tassen füllen, in das vorbereitete Wasserbad stellen und ca. 16–20 Minuten backen.

Rhabarber gut waschen, schälen und in kleine, gleichmäßige Stücke schneiden. Rhabarberschale mit Himbeeren, Weißwein, 125 ml Wasser, Agavendicksaft, Zimt und Vanillemark in einem Topf zum Kochen bringen. Auf kleiner Flamme 5 Minuten köcheln lassen und durch ein feines Passiersieb abseihen. Rhabarberwürfel dazugeben, nochmals kurz aufkochen, in kaltem Wasser eingeweichte Gelatine darin auflösen. Kühl stellen.

Mein Tipp

Für das Backen von Soufflés ist Umluft nicht empfehlenswert, Ofen am besten auf Ober-/Unterhitze einstellen.

Basilikum-Oliven-Kruste

Zubereitung

Olivenöl mit Eigelb, Senf, Zitronensaft sowie etwas Meersalz und Pfeffer gut vermengen. Zerdrückte Knoblauchzehe, fein gehacktes Basilikum und entkernte und ebenfalls fein gehackte schwarze Oliven untermengen. Zum Schluss Weißbrotbrösel einarbeiten. In eine Klarsichtfolie spritzen, rund formen und zum Marinieren und Durchziehen kühl stellen.

Mein Tipp

Anstatt Basilikum eignet sich auch ausgezeichnet frischer Salbei für diese aromatische Gewürzkruste.

Basilikum-Oliven-Kruste lässt sich sehr gut tiefkühlen und ist so jederzeit griffbereit.

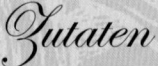

Zutaten

100 ml Olivenöl
2 Eigelb
1 EL Pommerysenf
½ Zitrone
feines Meersalz
weißer Pfeffer aus der Mühle
1 Knoblauchzehe
30 g gezupfte Basilikumblätter
15 g schwarze Oliven
35 g Weißbrotbrösel

Süß-säuerliches Williamsbirnenragout

Zubereitung

Braunen Zucker und Honig auf mittlerer Hitze mit Nelken, Zimtstange und Sternanis leicht karamellisieren lassen. Mit Birnensaft ablöschen, Vanillemark beigeben, auf kleiner Flamme reduzierend auf ca. 150 ml einkochen lassen. Birnen-Gewürz-Reduktion durch ein feines Passiersieb seihen.

Geschälte, entkernte und in gleichmäßig kleine Würfel geschnittene Birnen in die Gewürzreduktion geben. Mit etwas Szechuanpfeffer würzen. Alles nochmals aufkochen, leicht reduzieren, mit etwas angerührter Kartoffelstärke leicht abziehen und mit Williamsbrand parfümieren.

Zutaten für 4 Personen

1 EL feiner brauner Rohrzucker
1 EL Akazienhonig
3 Nelken
½ Zimtstange
2 Sternanis
750 ml frisch gepresster Birnensaft
1 Vanilleschote
½ kg Williams Birnen
Szechuanpfeffer aus der Mühle
etwas Kartoffelstärke zum Binden
4 cl Williamsbrand

Birnen-/Apfelsabayon
mit winterlichen Aromen

Zubereitung

Fruchtsaft mit Portwein, Schnaps, Rohrzucker, Honig, Nelken, Sternanis und Zimtrinde zum Kochen bringen. Vom Feuer nehmen und zugedeckt ca. 20 Minute marinierend ziehen lassen.

Ansatz durch ein feines Passiersieb gießen, mit Zitronensaft und Eigelb glattrühren und abschließend über Dampf schaumig aufschlagen.

Zutaten für 4 Personen

400 ml frisch gepresster Birnensaft oder Apfelsaft
100 ml weißer Portwein
6 cl Williamsbrand oder Calvados
40 g brauner Rohrzucker
40 g Honig
3 Nelken
2 Sternanis
½ Zimtrinde
etwas frisch gepresster Zitronensaft
4 Eigelb

HANDFESTE BASIS

Rosmarinsabayon

Zubereitung

Birnensaft mit Portwein, Williamsbrand, Rohrzucker, Honig, Nelken, Pimentkörnern und der Hälfte der Rosmarinnadeln zum Kochen bringen. Vom Feuer nehmen und zugedeckt ca. 20 Minute marinierend ziehen lassen.

Ansatz durch ein feines Passiersieb in einen Schneekessel gießen. Mit den restlichen, sehr fein gehackten Rosmarinnadeln, Zitronensaft und Eigelb verrühren und abschließend über Dampf schaumig aufschlagen.

Zutaten für 4 Personen

200 ml frisch gepresster Birnensaft
50 ml weißer Portwein
2 cl Williamsbrand
20 g brauner Rohrzucker
30 g Rosmarinhonig
2 Gewürznelken
2 Pimentkörner
1 Rosmarinzweig
etwas frisch gepresster Zitronensaft
4 Eigelb

Massaman Curry

Zubereitung

Paprika gut waschen, trocken tupfen, senkrecht vierteln und Strunk, Stiel sowie Kerne entfernen. Nochmals waschen und mit Küchenkrepp trocken tupfen. Paprika in ca. 1 cm große Würfel schneiden und mit Banane, Apfelstücken, Kokosmilch und Ananassaft mit einem Stabmixer zu einer feinen Masse pürieren.

Mit etwas Limettensaft, Thai-Fischsauce, Palmzucker, Maldon Meersalz und je nach gewünschter Schärfe noch mit etwas roter Chili würzen.

Etwas Rapsöl in einem Topf bei mittlerer Hitze mit Currypaste, Madrocas Curry, Jaipur Curry und Ingwer unter ständigem Rühren vorsichtig und ohne Farbe zu geben leicht anrösten. Mit Noilly Prat ablöschen, kurz reduzieren lassen, bis die Flüssigkeit verdampft ist und die Currymischung leicht beginnt zu rösten. Mit Portwein ablöschen, kurz aufkochen lassen und mit dem gemixten Paprika-Kokosmilch-Fond aufgießen.

Curryansatz zum Kochen bringen, Kaffirblätter, Kokosflocken, fein geschnittenes Zitronengras, Galgant, grob gehacktes Koriandergrün und fein gehackte Korianderwurzel beigeben. Reduzierend auf kleiner Flamme auf etwas mehr als die Hälfte einkochen lassen.

Kaffirblätter entfernen, Curry mit einem Stabmixer kurz mixen und durch ein feines Passiersieb seihen. Rote-Rüben-Reduktion und Erdnussbutter dazugeben, nochmals zum Kochen bringen und auf die gewünschte Konsistenz einköcheln lassen. Abschmecken und kurz vor dem Anrichten schaumig mixen.

Zutaten für ca. 2 Liter

3 mittelgroße, vollreife rote Paprika
1 reife geschälte Banane
Würfel von 2 Granny-Smith-Äpfeln
300 ml Kokosmilch
140 ml Ananassaft
etwas frisch gepresster Limettensaft
einige Spritzer Thai-Fischsauce
Palmzucker
Maldon Meersalz
1 rote Chilischote
Rapsöl
Currypaste je nach gewünschter Intensivität
1 EL Currypulver Madrocas
1 EL Jaipur Curry
2 EL fein geschnittener Ingwer
80 ml Noilly Prat
100 ml roter Portwein
3 Kaffirlimettenblätter
50 g Kokosflocken
2 Zitronengrashalme
25 g Galgant
1 Bd. Koriandergrün
6 Korianderwurzeln
50 ml Rote-Rüben-Saftreduktion (aus 150 ml)
2 EL Erdnussbutter

Mein Tipp

Dieses Curry lässt sich ausgezeichnet tiefkühlen.

Rotes Curry

Zubereitung

Paprika gut waschen, trocken tupfen, senkrecht vierteln und Strunk, Stiel sowie Kerne entfernen. Nochmals waschen und mit Küchenkrepp trocken tupfen. Paprika in ca. 1 cm große Würfel schneiden. Mit Banane, Apfelstücken, Kokosmilch und Ananassaft mit einem Stabmixer zu sehr feiner Masse pürieren und mit etwas Limettensaft, Thai-Fischsauce, Palmzucker, Maldon Meersalz und je nach gewünschter Schärfe auch mit etwas roter Chili würzen.

Etwas Rapsöl in einem Topf bei mittlerer Hitze mit Currypaste, Jaipur Curry und Curry Madrocas unter ständigem Rühren vorsichtig und ohne Farbe zu geben leicht anrösten. Mit Noilly Prat ablöschen, kurz reduzieren lassen, bis die Flüssigkeit verdampft ist und die Currymischung wieder leicht zu rösten beginnt. Mit Portwein abermals ablöschen, kurz aufkochen lassen, mit gemixtem Paprika-Kokosmilch-Fond aufgießen.

Curryansatz zum Kochen bringen, Kaffirblätter, fein geschnittenes Zitronengras und Galgant beigeben. Reduzierend auf kleiner Flamme auf etwas mehr als die Hälfte einkochen lassen.

Kaffirblätter entfernen, Curry mit einem Stabmixer kurz mixen und durch ein feines Passiersieb seihen. Rote-Rüben-Saft dazugeben, nochmals zum Kochen bringen und auf die gewünschte Konsistenz einköcheln lassen. Abschmecken und kurz vor dem Anrichten schaumig mixen.

Zutaten für ca. 1 Liter

3 mittelgroße, vollreife rote Paprika
1 reife geschälte Banane
Würfel von 2 Granny-Smith-Äpfeln
400 ml Kokosmilch
150 ml Ananassaft
etwas frisch gepresster Limettensaft
einige Spritzer Thai-Fischsauce
Palmzucker
Maldon Meersalz
1 rote Chilischote
Rapsöl
1–2 EL Currypaste
1 EL Jaipur Curry
1 EL Currypulver Madrocas
80 ml Noilly Prat
100 ml weißer Portwein
3 Kaffirlimettenblätter
1 Zitronengrashalm
25 g Galgant
100 ml Roter-Rüben-Saft

Hühnerfarce

Zubereitung

Hühnerfleisch mit der mittleren Scheibe durch den Fleischwolf drehen. Mit Maldon Meersalz, weißem Pfeffer, etwas frisch geriebener Muskatnuss sowie Eiweiß gut vermengen und kühlen.

Masse in einer Moulinette unter mehrmaliger Zugabe von kalter Sahne zu einer feinen, glatten Farce verarbeiten.

Mein Tipp

Für Kräuterfarcen müssen die Kräuter (Petersilie, Basilikum, Kerbel usw.) gezupft, in leicht gesalzenem, kochendem Wasser ca. 5 Sekunden blanchiert, sofort in Eiswasser abgeschreckt, gut ausgepresst, sehr fein gehackt und mit der Sahne in die Farce eingearbeitet werden.

Zutaten

220 g sauber geputzte Hühnerbrust
ohne Haut und Fett
Maldon Meersalz
weißer Pfeffer aus der Mühle
Muskatnuss
1 Eiweiß
170 ml Sahne

Duftreis
mit asiatischen Aromen

Zutaten für 4 Personen

100 ml Olivenöl
2 Eigelb
1 EL Pommerysenf
½ Zitrone
feines Meersalz
weißer Pfeffer aus der Mühle
1 Knoblauchzehe
30 g gezupfte Basilikumblätter
15 g schwarze Oliven
35 g Weißbrotbrösel

Zubereitung

Reis in einem großen Sieb unter fließend kaltem Wasser vorsichtig waschen, bis das abrinnende Wasser klar ist. Gut abtropfen lassen und auf einem Tuch ausgebreitet ca. ½ Stunde trocknen lassen.

275 ml leicht gesalzenes Wasser zum Kochen bringen, leicht plattiertes Zitronengras, halbierte Kaffirlimettenblätter sowie Kardamomkapseln zum Aromatisieren des Reises in das kochende Wasser geben. Basmatireis und Sesamöl beigeben, kurz umrühren und zugedeckt ca. 18–20 Minuten auf kleiner Flamme oder im auf 160 °C vorgewärmten Backofen garen (im Dampfgarer benötigen Sie 160 ml kaltes Wasser, 100 % Dampf und 22 Minuten).

Mein Tipp

Basmatireis ist ein sogenannter „Duftreis", er ist sehr aromatisch und verströmt einen feinen Duft. Schon im Namen ist diese Eigenschaft enthalten, denn Basmati bedeutet Duft.

Basmati kann gut mit sehr verschiedenen Gewürzen und Aromen wie Safran, Ingwer oder verschiedenen Kräutern kombiniert werden.

BEILAGE

Wildkräuter-Risotto

Zubereitung

Schalotten in Olivenöl anschwitzen, Lorbeerblatt, Thymian, Basilikum, eine zerdrückte Knoblauchzehe sowie Risottoreis beigeben. Kurz alle Zutaten miteinander vermengen und mit ca. einem Drittel des Weißweins ablöschen. Unter ständigem Schwenken Weißwein fast zur Gänze einkochen. Vorgang weitere zwei Mal wiederholen. Anschließend noch zwei Mal mit je ca. 100 ml Geflügelfond aufgießen und unter ständigem Schwenken weiter einreduzieren. Risottoansatz auf ein Butterpapier geben, flach verteilen und überkühlen lassen.

Kurz vor dem Anrichten Risotto in einer Sauteuse mit dem restlichen Geflügelfond zum Kochen bringen, vorsichtig reduzieren, mit etwas Salz und Pfeffer würzen, Kräuter untermengen und mit kalter Butter aufmontieren. Unmittelbar vor dem Servieren Risotto vom Feuer nehmen und Käse einrühren.

Safran-Risotto

Zubereitung

Safran mit Noilly Prat in einem kleinen Topf zum Kochen bringen, vom Feuer nehmen, mit einer Frischhaltefolie abdecken und ½ Stunde ziehen lassen. Risotto wie beschrieben zubereiten, Safranreduktion beim zweiten Aufgießen mit Weißwein dazugeben.

Zutaten für 4 Personen

Siehe Wildkräuterrisotto links, Kräuter weglassen

Zusätzlich
einige Safranfäden
6 cl Noilly Prat
Chilifäden zum Garnieren
1 rote Chilischote
Rapsöl
1–2 EL Currypaste
1 EL Jaipur Curry
1 EL Currypulver Madrocas
80 ml Noilly Prat
100 ml weißer Portwein
3 Kaffilimettenblätter
1 Zitronengrashalm
25 g Galgant
100 ml Rote-Rüben-Saft

Zutaten für 4 Personen

2 EL fein gewürfelte Schalotten
etwas Olivenöl
1 frisches Lorbeerblatt
1 Thymianzweig
1 Basilikumzweig
1 Knoblauchzehe
120 g Risottoreis (bevorzugt Avorio oder Vialone Nano)
¼ l Weißwein
400 ml kräftiger Geflügelfond
Salz
Pfeffer aus der Mühle
fein gehackte Wildkräuter
etwas kalte Butter
etwas alter Bergkäse oder Pecorino

Oliven-Gnocchi

Zutaten für 4 Personen

200 g gepresste, gegarte Kartoffeln (siehe Matcha-
Gnocchi rechts unten)
2 Eigelb
40 g Kartoffelstärke
12 fein gehackte schwarze Oliven
1 EL fein gehackte Petersilie
1 EL Olivenöl
Salz
Muskat
Kartoffelstärke zum Stauben

Zubereitung

Gepresste Kartoffeln mit Eigelb, Kartoffelstärke, der
Hälfte der gehackten Oliven, Petersilie, Olivenöl,
etwas Salz sowie einem Hauch frisch geriebener
Muskatnuss zu einem glatten Teig verarbeiten.

Gnocchi formen und bis zum Kochen auf ein mit
etwas Kartoffelstärke bestaubtes Küchentuch
legen. Kurz in leicht wallendem Salzwasser
garen, bis sie obenauf schwimmen.

Gegarte Gnocchi in etwas Olivenöl und den
restlichen gehackten Oliven angehen lassen.

Kürbis-Gnocchi

Zutaten für 4 Personen

200 g Muskatkürbisfleisch
1 Schalotte
1 Knoblauchzehe
1½ EL Olivenöl
1 Thymianzweig
Maldon Meersalz
200 g gepresste gegarte Kartoffeln
(siehe Matcha-Gnocchi unten)
2 Eigelb
50 g Kartoffelstärke
1 EL Walnussöl
Muskat
Kartoffelstärke zum Stauben

Zubereitung

Kürbisfleisch in grobe Würfel schneiden, auf eine Alufolie legen und mit fein geschnittenen Schalotten, blättrig geschnittenem Knoblauch, Olivenöl, Thymian und etwas Meersalz marinieren. Folie einschlagen, Kürbis im auf 170 °C vorgewärmten Backofen ca. 25–30 Minuten weichdünsten.

Aus der Folie nehmen, Knoblauchscheiben und Thymian entfernen, Fruchtfleisch in einer Moulinette fein mixen. Kürbismasse in ein Passiertuch geben und so ausdrücken, dass die ganze Flüssigkeit entfernt ist.

Gepresste Kartoffeln mit 100 g Muskatkürbispüree, Eigelb, Kartoffelstärke, Walnussöl, etwas Salz sowie einem Hauch frisch geriebenem Muskat zu einem glatten Teig verarbeiten. Weiterverarbeitung wie bei Matcha-Gnocchi.

Matcha-Gnocchi

Zubereitung

Kartoffeln in der Schale gut waschen, auf ein Backblech mit grobem Meersalz setzen und im auf 180 °C vorgeheizten Backofen je nach Größe der Kartoffeln 1–1½ Stunden weich garen. Aus dem Ofen nehmen, noch heiß schälen, durch eine Kartoffelpresse pressen und abkühlen lassen.

200 g gepresste Kartoffeln mit Eigelb, Kartoffelstärke, Matcha, Petersilie, Olivenöl, etwas Salz sowie einem Hauch frisch geriebener Muskatnuss zu einem glatten Teig verarbeiten.

Gnocchi formen und bis zum Einkochen auf ein mit etwas Kartoffelstärke bestaubtes Küchentuch legen. Gnocchi kurz in leicht wallendem Salzwasser garen, bis sie obenauf schwimmen.

Zutaten für 4 Personen

400 g mehlige, rohe Kartoffeln
grobes Meersalz
2 Eigelb
40 g Kartoffelstärke
2 EL Matchapulver
2 EL fein gehackte Petersilie
1 EL Olivenöl
Salz
Muskat
Kartoffelstärke zum Stauben

Koriander-
Zitronengras-
Tagliarini

Zubereitung

Hauchdünn ausgerollten Teig leicht bemehlen,
einrollen. In ca. 1 mm dicke Scheiben schneiden, leicht
durchmengen, auf ein leicht bemehltes Brett legen
und bis zum Kochen mit einem Tuch zudecken.

Kurz vor dem Servieren Tagliarini in leicht
wallendem Salzwasser mit etwas Olivenöl
3–4 Minuten al dente kochen.

Aus dem Wasser nehmen, kurz mit etwas
heißem Wasser nachschwemmen und kurz mit
Koriander-Zitronengras-Pesto durchschwenken.
Eventuell mit frischen Kräutern verfeinern.

Zutaten für 4 Personen

Ausgerollter Nudelteig (siehe rechts)
Mehl zum Bemehlen
Salz
Olivenöl fürs Kochwasser
3 EL Koriander-Zitronengras-Pesto (siehe Seite 174)
frische Kräuter nach Wunsch

Kurkuma-Tagliatelle

Zubereitung

Eier in einer Schüssel mit Salz gut verquirlen und
kurz stehen lassen, dadurch verfärbt sich das Eigelb
und der Teig bekommt eine kräftigere und schönere
Farbe. Kurkumapulver gut untermengen, Olivenöl
beigeben und von Hand oder in einem Rührkessel
mit Knethaken zu geschmeidigem Teig verarbeiten.
Aus dem Teig eine Rolle formen, in Frischhaltefolie
einpacken und 1 Stunde im Kühlschrank rasten lassen.

Nudelteig auf bemehltem Untergrund mit den
Handballen gleichmäßig plattdrücken, mit der
Nudelmaschine (falls nicht vorhanden mit einem
Rollholz) hauchdünn ausrollen, bemehlen, einrollen,
in dünne, ca. 3 Millimeter dicke Scheiben schneiden,
leicht durchmengen, auf ein leicht bemehltes
Brett legen und mit einem Tuch zudecken.

Kurz vor den Servieren in leicht wallendem, gesalzenem
Wasser mit etwas Olivenöl 3–4 Minuten al dente kochen.

Zutaten für 4 Personen

2 Eier
1 Prise Salz
220 g Mehl
1 TL Kurkumapulver
1 EL Olivenöl
Eigelb zum Bestreichen

Nudelteig

Zutaten für 4 Personen

3 Eier
Salz
200 g doppelgriffig gemahlenes Vollkornmehl
100 g glattes Mehl
etwas gemahlene Muskatnuss
2 cl Olivenöl
Mehl zum Bemehlen
Olivenöl zum Durchschwenken

Zubereitung

Für den Nudelteig Eier in einer Schüssel mit
einer Prise Salz gut verquirlen und kurz stehen
lassen. Vollkornmehl, glattes Mehl, einen Hauch
Muskatnuss und Olivenöl zum Ei geben und von
Hand oder in einem Rührkessel mit Knethaken
zu geschmeidigem Teig verarbeiten. Aus dem Teig
eine Rolle formen, in Frischhaltefolie einpacken
und 1 Stunde im Kühlschrank rasten lassen.

Nudelteig auf bemehltem Untergrund mit den
Handballen gleichmäßig plattdrücken, mit der
Nudelmaschine (falls nicht vorhanden mit
einem Rollholz) hauchdünn ausrollen und in
die gewünschte Form (z.B. in 4 gleichmäßig
große Nudelteigblätter) schneiden.

Kurz vor den Servieren in leicht wallendem Salzwasser
al dente kochen. Aus dem Wasser nehmen, kurz mit
etwas Olivenöl durchschwenken und anrichten.

Ingwer-Papaya-Mango-Chutney

Zubereitung

Mangos schälen, Kern entfernen. Papayas schälen, halbieren, mit einem Löffel Kerne entfernen. Früchte in ½ cm große Würfel schneiden.

Schalotten, Knoblauchzehen und Ingwer getrennt voneinander schälen und in ganz feine Würfel schneiden. Untere, dickere Stücke Zitronengras in feine Scheiben schneiden, diese fein hacken.

Chili der Länge nach halbieren, entkernen, unter fließend Wasser abwaschen, in feine Würfel schneiden und in einem Sieb mit heißem Wasser abschwemmen.

Braunen Rohrzucker mit Honig bei mittlerer Hitze in einer Sauteuse unter ständigem Rühren erhitzen, bis die Masse leicht zu schäumen beginnt. Ingwer- und Knoblauchwürfel beigeben und leicht karamellisieren.

Koriander, Kreuzkümmel und Kardamom im Mörser oder in einer Moulinette fein zermahlen. Mit Curry und Kurkuma kurz in der Zucker-Honig-Masse angehen lassen. Mit Orangensaft, Balsamico und Limettensaft aufgießen, aufkochen und zur Hälfte einreduzieren.

Papaya- und Chiliwürfel dazugeben, nochmal aufkochen und auf kleiner Flamme unter gelegentlichem Umrühren ½ Stunde leise köcheln lassen.

Kokosflocken grob hacken, Mangowürfel und mit frischem Wasser abgespülte grüne Pfefferkörner dazugeben. Mit etwas Meersalz würzen und nochmals unter gelegentlichem Umrühren 20 Minuten leise köcheln lassen.

Noch heiß in Einmachgläser abfüllen, gut verschließen und ca. 20 Minuten im Dampfgarer oder im Backofen bei 100 °C sterilisieren.

Mein Tipp

Gut gekühlt und verschlossen im Kühlschrank hält sich das Chutney mehrere Monate. Es passt mit seiner süß-säuerlichen, leicht scharf-pikanten und vor allem fruchtigen Note sehr gut zu Wild und Wildgeflügel sowie ausgezeichnet zu würzigem Käse.

Zutaten für 2 Rexgläser à 400 ml

3 reife Mangos
4 reife Papayas
3 Schalotten
4 Knoblauchzehen
120 g Ingwerwurzel
3 frische, junge Zitronengrasstängel
2 rote Chilischoten
100 g brauner Rohrzucker
4 EL Honig
1½ TL Korianderkörner
1½ TL Kreuzkümmel
10 Kardamomkapseln
1 EL Currypulver Madrocas
1 TL Kurkumapulver
250 ml Orangensaft
85 ml weißer Balsamico-Essig
1 Limette
4 EL Kokosflocken
2 EL grüner Pfeffer in Lake
Maldon Meersalz

EINGELEGTES

Kumquats-Chutney

Zubereitung

Kumquats unter fließend warmem Wasser gut
abwaschen, trocken tupfen, der Länge nach
halbieren. Mit einen Kaffeelöffel das Innere so
herauslösen, dass nur noch die Schale übrig bleibt.
Schale in gleichmäßige dünne Streifen schneiden
und diese in leicht gesalzenem, kochendem Wasser
ca. 5 Sekunden blanchieren. Abgießen, mit heißem
Wasser abschwemmen, abtropfen lassen und
mit Rohrzucker, Sternanis, Orangensaft, Noilly
Prat, Weißwein und Vanillemark gut vermengen.
Abgedeckt im Kühlschrank über Nacht marinieren.

Marinierte Kumquats in ein feines Sieb gießen und
Marinade auffangen. Fein geschnittene blanchierte
Schalotten in einer Sauteuse mit Walnussöl ohne
Farbe zu geben angehen lassen. Halbierte, entkernte
und gut gewaschene Chilischote und etwas Meersalz
beigeben. Mit Marinade aufgießen, auf die Hälfte
reduzieren, Kumquats wieder dazugeben und
ca. 15 Minuten auf kleiner Flamme köcheln lassen.

Abschließend mit Grand Marnier verfeinern. Noch heiß
in Rexgläser füllen, verschließen und kühl stellen.

Zutaten für 2 kleine Rexgläser

600 g Kumquats
Maldon Meersalz
80 g brauner Rohrzucker
2 Sternanis
200 ml frisch gepresster Orangensaft
4 cl Noilly Prat
100 ml trockener Weißwein
1 Vanilleschote
2 kleine Schalotten
2 EL Walnussöl
1 Chilischote
4 cl Grand Manier

Koriander-Zitronengras-Pesto

mit asiatischen Aromen

Zubereitung

Erdnuss- und Pinienkerne in einer Pfanne
bei mäßiger Temperatur langsam goldgelb
rösten, abkühlen lassen und grob hacken.

Koriandergrün, Minze und Korianderwurzeln
mit kaltem Wasser abwaschen, Blätter abzupfen
und grob schneiden. Korianderwurzeln und
geschälten Galgant oder Ingwer fein hacken.

Chilischoten aufschneiden, Samen entfernen,
gut waschen und in kleine Stücke schneiden.
Unteres Drittel des Zitronengrases (Knolle) in
hauchdünne, feine Scheiben schneiden.

Koriander-Minze-Grün, vorbereitete Gewürze,
Pinien- und Erdnusskerne, Parmesan, geschälten und
grob gehackten Knoblauch und Erdnussöl in einer
Moulinette zu einer feinen, kompakten Paste pürieren.
Mit etwas Limettenabrieb und -saft, Sansho-Bergpfeffer,
Maldon Meersalz sowie Koriander abschmecken.

Pesto in Rexgläser füllen,
Oberfläche glattstreichen und mit
etwas Erdnussöl bedecken.

Mein Tipp

Dieses würzige Pesto eignet sich perfekt zum
Würzen von gebratenem und gegrilltem Fisch, zum
Vollenden von asiatischen Wok-Gerichten oder zum
Abmischen von frisch gekochten Teigwaren wie
Udon-Nudeln und Bandnudeln mit Meeresfrüchten.

Zutaten für 2 kleine Rexgläser

80 g Erdnusskerne
60 g Pinienkerne
100 g Koriandergrün
20 g frische rote Minze
20 g Korianderwurzeln
20 g frischer Galgant oder junger Ingwer
ca. 2 rote Chilischoten (je nach gewünschter Schärfe)
6 frische junge Zitronengrasstängel
100 g fein geriebener Parmesan
3 Knoblauchzehen
160 ml kaltgepresstes Erdnussöl
1 unbehandelte Limette
1 TL Sansho-Bergpfeffer
Maldon Meersalz
Koriander aus der Mühle
Erdnussöl zum Abdecken

Basilikum-Minze-Pesto

Zubereitung

Pinienkerne in einer Pfanne bei mäßiger Temperatur langsam goldgelb rösten. Basilikum und Minze unter fließend kaltem Wasser gut abwaschen und in einer Salatschleuder sorgfältig trocken schleudern.

Kräuter mit gerösteten Pinienkernen, fein geriebenem Pecorino und Olivenöl in einer Moulinette zu einer feinen Paste pürieren. Mit Meersalz, schwarzem Pfeffer aus der Mühle und einem Hauch frisch geriebener Muskatnuss würzen.

Pesto in Rexgläser einfüllen, Oberfläche glattstreichen und mit etwas Olivenöl bedecken.

Zutaten für 2 kleine Rexgläser

120 g Pinienkerne
220 g Basilikum
50 g gezupfte rote Minzblätter
40 g Pecorino
250 ml Olivenöl
Maldon Meersalz
schwarzer Pfeffer aus der Mühle
Muskatnuss
Olivenöl zum Abdecken

Salbei-Petersilien-Pesto

Zubereitung

Pinienkerne in einer Pfanne bei mäßiger Temperatur langsam goldgelb rösten. Salbei und Petersilienblätter unter fließend kaltem Wasser gut abwaschen, in einer Salatschleuder sorgfältig trocken schleudern.

Kräuter mit gerösteten Pinienkernen, fein geriebenem Pecorino und Olivenöl in einer Moulinette zu einer feinen Paste pürieren, mit Meersalz und schwarzem Pfeffer würzen.

Pesto in Rexgläser einfüllen, Oberfläche glattstreichen und mit etwas Olivenöl bedecken.

Zutaten für 2 kleine Rexgläser

100 g Pinienkerne
80 g feine, junge Salbeiblätter
180 g gezupfte Petersilienblätter
100 g Pecorino
125 ml Olivenöl
Maldon Meersalz
schwarzer Pfeffer aus der Mühle
Olivenöl zum Abdecken

Grundsätzlich

Im Kühlschrank hält sich Pesto mehrere Wochen. Sobald etwas aus dem Glas entnommen wird, Rand sorgfältig mit einem Küchenkrepp abwischen, wieder glattstreichen und wieder mit Olivenöl bedecken.

Basilikum-Minze- und Salbei-Persilien-Pesto passen perfekt zum Abmischen von frisch gekochten Teigwaren wie Spaghetti und Gnocchi oder (ein Löffel obenauf) zum Verfeinern von fertigen Nudelgerichten wie Ravioli und Tortellini.

Soja-Sesam-Thai-Basilikum-Würzsauce

Zubereitung

Ingwer und Knoblauchzehen schälen, in sehr feine Würfel schneiden, anschließend im Sesamöl zusammen mit hellem und dunklem Sesam bei mäßiger Hitze und ohne Farbe zu geben anschwitzen. Sternanis und Kardamom dazugeben, leicht angehen lassen, mit Ananassaft aufgießen, Palmzucker einbröckeln, zum Kochen bringen und auf kleiner Flamme reduzierend auf die Hälfte einkochen lassen.

Sojasauce, Austernsauce, Essig sowie Tomatenketchup einrühren und nochmals erhitzen.

Kräuter zupfen, unter fließend kaltem Wasser abwaschen, gut abtropfen lassen und grob schneiden. In die kochende Sauce einrühren, kurz aufkochen lassen und noch heiß in eine Flasche oder ein Rexglas abfüllen. Gut verschließen und kühl stellen.

Zutaten für 1 Flasche

30 g Ingwer
3 Knoblauchzehen
2 EL Sesamöl
1 EL schwarzer Sesam
1 EL weißer Sesam
2 Sternanis
4 Kardamomkapseln
250 ml Ananasaft
70 g Palmzucker
100 ml süße Sojasauce
150 ml Austernsauce
80 ml Reisessig oder milder Obstessig
4 EL Tomatenketchup
2 Bd. Thai-Basilikum
etwas Koriandergrün

Mein Tipp

Gut gekühlt und verschlossen im Kühlschrank hält sich diese Würzsauce mehrere Wochen. Sie ist sehr würzig und aromatisch, passt hervorragend als Dip zu Fondue, zu hellem Fleisch sowie zum Verfeinern von Wok-Gerichten mit Gemüse, Fisch oder Meeresfrüchten.

Soja Sesam & Thaibasilikum Würzsauce 2012

Borretsch-Sardellen-Würzsauce

Zutaten für 1 Flasche

80 g Borretschblätter
1 Bd. Petersilie
2 EL Pinienkerne
2 EL Mandelkerne
45 g eingelegte Sardellenfilets
220 ml Olivenöl
2 unbehandelte Zitronen
1 EL eingelegte Kapern
Maldon Meersalz
weißer Pfeffer aus der Mühle
Koriander aus der Mühle
30 g Pecorino
Olivenöl zum Abdecken

Zubereitung

Borretschblätter und gezupfte Petersilie unter fließend kaltem Wasser gut waschen und in einer Salatschleuder trocken schleudern. Pinienkerne mit grob gehackten Mandeln in einer beschichteten Pfanne bei mittlerer Hitze ohne Öl leicht anrösten und abkühlen lassen.

Sardellenfilets mit Küchenkrepp abtupfen und mit Kräutern, Olivenöl, gerösteten Nüssen, feinem Zitronenabrieb und -saft und Kapern mit einem Pürierstab zu einer feinen, homogenen Masse pürieren.

Mit etwas Meersalz, weißem Pfeffer und Koriander herzhaft abschmecken, fein geriebenen Pecorino einarbeiten. In ein Glas oder ein Rexglas einfüllen, Oberfläche mit etwas Olivenöl bedecken.

Mein Tipp

Im Kühlschrank hält sich diese Würzsauce mehrere Wochen. Wenn etwas aus dem Glas entnommen wurde, Rand sorgfältig mit Küchenkrepp abwischen, glattstreichen und wieder mit Olivenöl bedecken.

Diese würzige und sehr aromatische Würzsauce passt hervorragend als Dip mit Grissini oder anderem Knabber-Gebäck. Ein besonderer Tipp: Reichlich Pesto auf einen rohen, dünnen Pizzateig aufstreichen, mit Tomatenscheiben, etwas Büffelmozzarella und frischem Basilikum belegen und im Ofen bei 240 °C knusprig backen.

Walnuss-Thunfisch-Würzsauce

Zubereitung

Walnüsse sehr fein hacken, mit den Bröseln auf ein Blech geben und im Backofen bei 140 °C unter gelegentlichem Umrühren rösten, bis die Nüsse ein feines Röstaroma entwickelt und etwas Farbe angenommen haben. Nüsse aus der Pfanne nehmen und abkühlen lassen.

Knoblauchzehen schälen, in etwas Olivenöl leicht anschwitzen, zum restlichen Olivenöl geben und zusammen mit dem Thunfisch mit einem Pürierstab fein mixen. Geröstete Walnüsse, geriebenen Parmesan, Zitronenabrieb und -saft sowie fein gehackte Petersilie dazugeben. Gut durchrühren, mit dem Pürierstab nochmals kurz anmixen. Mit Meersalz, Pfeffer und Koriander abschmecken.

Würzpaste in Flaschen oder Rexgläser füllen, Oberfläche glattstreichen und mit etwas Olivenöl bedecken.

Zutaten für 2 Flaschen

230 g Walnusskerne
55 g Semmelbrösel
2 Knoblauchzehen
200 ml Olivenöl
250 g Thunfisch in Öl aus der Dose
100 g geriebener Parmesan
1 unbehandelte Zitrone
30 g Petersilienblätter
Maldon Meersalz
schwarzer Pfeffer aus der Mühle
Koriander aus der Mühle
Olivenöl zum Abdecken

Mein Tipp

Im Kühlschrank hält sich das Pesto mehrere Wochen. Wenn etwas aus dem Glas entnommen wurde, Rand sorgfältig mit Küchenkrepp abwischen, glattstreichen und wieder mit Olivenöl bedecken.

Das Pesto gibt einen genialen Brotaufstrich und Dip. Oder, mit etwas Geflügelfond verdünnt, mit frisch gekochten Teigwaren kurz durchschwenken, eventuell leicht nachwürzen und mit frischem Basilikum vollenden.

Tomaten-Basilikum-Würzsauce

Zubereitung

Schalotten schälen und in feine Würfel schneiden, Knoblauch ebenfalls schälen und in feine Würfel schneiden.

Chilischote der Länge nach halbieren, entkernen, abwaschen, in feine Würfel schneiden und in einem Sieb mit heißem Wasser abschwemmen.

Honig und Rohrzucker in einer Sauteuse bei mittlerer Hitze unter ständigem Rühren erhitzen und zum Schäumen bringen. Schalotten und Knoblauch dazugeben und kurz ohne Farbe zu geben anschwitzen. Mit Tomatenklarsaft aufgießen, Chiliwürfel dazugeben und auf ein Viertel der Flüssigkeit reduzieren lassen.

Olivenöl und Tomatenwürfel dazugeben, mit Meersalz und Pfeffer würzen und auf kleiner Flamme unter gelegentlichem Umrühren ½ Stunde leise köcheln lassen.

Basilikum und Oregano waschen und abtropfen lassen. Kräuter getrennt voneinander zupfen, Basilikumblätter vierteln. Kräuter und die in feine Würfel geschnittenen ofengetrockneten Tomaten in die Sauce geben. Nochmals aufkochen, würzig abschmecken und sofort in Flaschen oder Einmachgläser abfüllen. Gut verschließen und ca. 20 Minuten im Dampfgarer oder im Backofen bei 100 °C sterilisieren.

Zutaten für 2 Flaschen

2 kleine Schalotten
2 Knoblauchzehen
1 Chilischote
1 EL Honig
2 EL brauner Rohrzucker
300 ml Tomatenklarsaft
30 ml Olivenöl
800 g Tomatenwürfel
Maldon Meersalz
weißer Pfeffer aus der Mühle
1 Bund Basilikum
2 Oreganozweige
150 g ofengetrocknete Tomaten

Mein Tipp

Gut gekühlt und verschlossen im Kühlschrank hält sich diese fruchtige Würzsauce mehrere Monate. Sie ist ein perfekter Tomaten-Ketchup-Ersatz, passt hervorragend kalt oder warm zu BBQ und gegrillten Meeresfrüchten jeglicher Art oder zum Verfeinern vieler Saucen und Fonds.

Holunderblütensirup

mit Matcha und Rosmarin

Zubereitung

Limetten abwaschen, halbieren und mit dem Ingwer in feine Scheiben schneiden. Holunderblüten, abgerebelte Rosmarinnadeln, Weinstein und 2 Liter Wasser dazugeben. Gut umrühren, mit einem Tuch zugedeckt an einem nicht zu kühlen Ort 2 Tage stehen lassen.

Rohrzucker hinzugeben, gut durchrühren und mit einem Tuch zugedeckt weitere 2 Tage ziehen lassen. Fertigen Sirup-Ansatz durch ein feines Nylonsieb passieren und Matchapulver einrühren. In Flaschen abfüllen.

Mein Tipp

Der Sirup sollte kühl und dunkel lagern. Er eignet sich ausgezeichnet als erfrischendes Sommergetränk (mit Mineralwasser aufgespritzt) oder Aperitif (einige Tropfen Sirup mit Sekt gemixt).

Zutaten für ca. 2,5 Liter Sirup

3 unbehandelte Limetten
30 g frischer Ingwer
60 große Holunderblütendolden
2 Rosmarinzweige
50 g Weinstein
1 kg heller Rohrzucker
4 EL Matchapulver

GEWÜRZE

Bärlauchpaste

Zubereitung

Bärlauch unter fließend kaltem Wasser waschen, abtropfen lassen, Stiele entfernen. In gut gesalzenem, wallend kochendem Wasser 5 Sekunden blanchieren. In Eiswasser abschrecken und gut auspressen. Für die weitere Verarbeitung stehen je nach Verfügbarkeit der Geräte zwei Varianten zur Wahl.

1. Moulinette: Bärlauch grob schneiden und in der Moulinette mit einigen Tropfen Olivenöl unter mehrmaligen Umrühren zu feiner Paste verarbeiten. Durch ein feines Passiersieb streichen und bis zur weiteren Verwendung mit Alufolie lichtgeschützt kühl stellen oder tiefkühlen.

2. Pacojet: Bärlauch grob zerkleinern, in den Pacojetbecher einfüllen, gut andrücken, glattstreichen, mit dem Deckel verschließen und mindestens 6 Stunden tiefkühlen. In die Maschine einspannen und durch mindestens zweimaliges Pacossieren zu einer feinen Paste verarbeiten.

Zutaten für ca. 300 g Paste

600 g frischer Bärlauch
Salz
Olivenöl nach Bedarf

Mein Tipp

Auf diese Art und Weise können aus vielen Kräutern Pasten zum Verfeinern und Vollenden von Saucen, Suppen oder Risotto hergestellt werden.

Pfeffergewürzmantel

Zubereitung

Hellen und dunklen Sesam, Korianderkörner, Langen Pfeffer, grob zerhackte Haselnüsse, Mandeln oder Macadamia Nüsse, Wacholderbeeren, Kubebenpfeffer sowie Pinienkerne in einer beschichteten Pfanne unter ständigem Schwenken anrösten.

Etwas abkühlen lassen, Weißbrotbrösel beigeben. In einer Moulinette fein mahlen und abschließend durch ein mittelfeines Sieb streichen.

Zutaten für 1 Einmachglas

1 EL heller Sesam
3 EL dunkler Sesam
2 EL Korianderkörner
1 EL Langer Pfeffer
1 EL grob zerhackte Haselnüsse
4 EL grob zerhackte Mandeln oder Macadamia Nüsse
8 Wacholderbeeren
1 EL Kubebenpfeffer
1 EL Pinienkerne
4 EL Mie de pain
(entrindete, getrocknete Weißbrotbrösel)

BROT

Zubereitung

Gerstenkörner und Linsen gemeinsam in einer Getreidemühle zu feinem Mehl mahlen.

Hefe mit Muscovadozucker, etwas Wasser und 2 EL Mehlmischung glattrühren. Mehl in einen Rührkessel geben, in der Mitte des Mehles eine Mulde machen, Hefemischung hineingießen und gut 20 Minuten im Backofen bei ca. 35 °C gehen lassen.

Gewürze im Mörser leicht zerstoßen und zusammen mit dem Sauerteigextrakt, dem restlichen Muscovadozucker, Meersalz und dem restlichen Wasser zum Vorteig geben. In der Rührmaschine oder von Hand gut und ausgiebig zu einem geschmeidigen, glatten Teig verarbeiten.

Teig mit einem Tuch zudecken und 30 Minuten an einem warmen Ort gehen lassen. Anschließend nochmals gut durchkneten, in 6 gleichmäßig große Stücke teilen, zu einer ovalen Kugel formen, durch das Vollkornschrot drehen und auf die Rexgläser verteilen. Die Gläser gut verschließen und im bereits vorgewärmten Backofen bei 180 °C ca. 40 Minuten backen.

Zutaten für ca. 8 kleine Einmachgläser

750 g Gerstenkörner
75 g rote Linsen
1 Würfel Hefe (42 g)
1 EL Muscovadozucker
550 ml Wasser
1 TL Kümmel
½ TL Kardamom
2 TL Fenchelsaat
1 TL Korianderkörner
1 Pkg. Sauerteigextrakt (bevorzugt von Alnatura)
Maldon Meersalz
etwas Vollkornschrot

Gersten-Gewürzbrot

im Glas
Backen wie die alten Römer

Mango-Ingwer-Smoothie

Zubereitung

Mangos und Ananas schälen, Mangos entkernen.
Ananas und Mangos in ca. ½ cm große
Würfel schneiden und kurz kühl stellen.

Honig in einer kleinen Sauteuse leicht
erwärmen, fein gehackten Ingwer dazugeben
und leicht karamellisieren lassen.

Einige Mangowürfel als Einlage beiseite geben,
restliche Mango- und Ananaswürfel mit Ingwer und
Orangensaft in einem Mixbecher oder in einem hohen,
schmalen Gefäß mit einem Pürierstab fein pürieren.

Einlage in den Smoothie geben, zum Vollenden und
Parfümieren Olivenöl einrühren, sofort in gekühlte
Gläsern einfüllen, garnieren und servieren.

Zutaten für 4 Gläser

2 vollreife Mangos (bevorzugt Thai-Mango)
¼ Ananas
1 EL Honig
1 EL fein gehackter junger Ingwer
¼ l frisch gepresster, eiskalter Orangensaft
2 EL Veronelli-Olivenöl der Sorte Casaliva von
Gianfranco Comincioli, Gardasee, Lombardei
etwas Scarlet-Kresse als Garnitur

ENERGYDRINKS

Grüntee-Weinbergpfirsich-Smoothie mit Minze

Zutaten für 4 Gläser

3 EL Grüntee
2 EL Honig
½ Limette
150 g Eiswürfel
300 g Weinbergpfirsich-Fruchtfleisch
frische Minze zum Garnieren

Zubereitung

50 ml Wasser zum Kochen bringen, auf ca. 80 °C abkühlen lassen, Grüntee damit überbrühen und ca. 6 Minuten zugedeckt ziehen lassen.

Tee abseihen, Honig, Limettensaft sowie Eiswürfel dazugeben und kühl stellen.

Weinbergpfirsich-Fruchtfleisch kleinwürfelig schneiden, einen kleinen Teil davon als Einlage zur Seite stellen. Grünteeansatz zusammen mit den restlichen Weinbergpfirsichwürfeln in einem Mixbecher oder in einem hohen, schmalen Gefäß mit einem Pürierstab fein pürieren und zu einem Smoothie verarbeiten.

Einlage in den Smoothie geben, mit frisch gezupfter und leicht gehackter Minze vollenden und sofort in vorgekühlten Gläsern servieren.

Cremeeis

vom Schmorapfel

Zutaten für ca. 750 ml Eis

10 Kardamomkörner
55 g brauner Rohrzucker
420 g Boskoop-Äpfel
10 g grob geschnittener Ingwer mit Schale
15 g grob geschnittener Galgant mit Schale
220 g naturtrüber Apfelsaft
¼ Zimtstange
1 Nelke
1 Sternanis

Zubereitung

Kardamom in einem kleinen Topf mit 4 cl Wasser zum Kochen bringen, vom Feuer nehmen und zugedeckt ca. 10 Minuten ziehen lassen.

Braunen Rohrzucker in einer Pfanne unter ständigem Rühren langsam karamellisieren. Geviertelte und entkernte Äpfel in das hellbraune Karamell geben, kurz umrühren, Ingwer und Galgant dazugeben und nochmals kurz durchmengen. Mit naturtrübem Apfelsaft sowie dem durch ein Haarsieb passierten Kardamomfond aufgießen.

Kurz aufkochen lassen, Zimt, Nelke sowie Sternanis beigeben. Apfelmasse auf ein kleines Blech gießen und im vorgewärmten Backrohr bei 120 °C ca. 20 Minuten schmoren. Gewürze, Ingwer und Galgant entfernen. Masse in einen Pacojetbecher füllen, tiefkühlen und kurz vor dem Servieren pacossieren.

Mein Tipp

Sollten Sie über keinen Pacojet verfügen, so können Sie die Masse mit einem Stabmixer fein pürieren, mit 1 EL Honig verrühren, durch ein feines Haarsieb streichen und anschließend in der Eismaschine zu cremigem Eis rühren.

EIS

Himbeer-Chicorée-Sorbet

Zubereitung

Gut die Hälfte des Chicorées in feine Streifen schneiden, mit Walnussöl und Himbeeren in einer beschichteten Pfanne anschwitzen, bis die Masse leicht Farbe erhält.

Mit Ginger Ale und Himbeergeist ablöschen, vom Feuer nehmen, in kaltem Wasser eingeweichte und aufgelöste Gelatine dazugeben und mit dem restlichen Chicorée sowie Honig im Mixbecher pürieren. Fertige Masse durch ein feines Passiersieb streichen und im Pacojet-Becher mindestens 12 Stunden tiefkühlen. 1 Stunde vor dem Anrichten pacossieren und wieder tiefkühlen.

Zutaten für ca. 500 ml Eis

220 g Chicorée
1 TL Walnussöl
105 g Himbeeren
210 ml Ginger Ale
2 cl Himbeergeist
1 Blatt Gelatine
210 g Himbeersauce
60 g Honig

Zutaten für ca. 1 Liter Eis

120 g Yuzu-Saft
500 g Wasser
130 g Zucker
10 g Stabilisator
100 g Glukosesirup
100 g Invertzucker

Yuzu-Cremeeis

Zubereitung

Alle Zutaten vermengen, mit einem Stabmixer kurz aufmixen. In der Eismaschine zu cremigem Eis frieren oder in einen Pacojetbecher füllen und gut 1 Tag tiefkühlen. Pacossieren und vor dem Servieren nochmals 1 Stunde tiefkühlen.

Rezeptregister

Albacore Thunfisch, mariniert, gebraten, mit
Navetten, Kombu-Algen und Zitronenmelisse   36

Ananas- und Grüntee-Dessert mit Basilikum   144

Äpfel- und Rote-Rüben-Schaumsuppe mit
Entenbrust-Rosmarin-Strudel   62

Apfelsabayon mit winterlichen Aromen   163

Apfel-Tarte, warm, mit Cremeeis vom Schmorapfel158

Arktischer Saibling mit Muskatkürbischutney und
Chili-Basilikum-Vinaigrette   108

Auszug von „tausend und einem Gewürz" mit
Maishühnerbrust, Pilzen und Tomaten   112

Bachforellen mit Karotten, Kurkuma-Crunsh,
Blumenkohlcreme und Zitronenthymian-Schaum   82

Barbarieentenbrustscheiben mit Bulgur-Minze-Salat
und Kumquats-Chutney   24

Bärlauchpaste   181

Bärlauchrisotto mit jungem Grünspargel, Morcheln
und Tomatenschaum   68

Basilikum-Minze-Pesto   175

Basilikum-Oliven-Kruste   162

Birnensabayon mit winterlichen Aromen   163

Borretsch-Sardellen-Würzsauce   177

Brunnenkresseschaumsuppe mit gebackenem
Maishuhn   50

Brust und Keule von der Wachtel mit Salbei-Risotto
und geschmortem Paprika   114

Büffelmozzarella und Tomate „einmal anders" mit
Olivenölemulsion und griechischem Basilikum   22

Cappuccino von weißem Spargel und Grüntee   52

Carpaccio von der Jakobsmuschel mit Mango und
Koriander   28

Crema Catalana von der Kokosnuss mit schwarzen
Oliven, Olivenöl und Thai-Mango   140

Cremeeis mit Yuzu   187

Cremeeis vom Schmorapfel   186

Cremeschnitte mit Basilikum-Buttermilch und
eingelegten Zwergorangen   142

Curry, rot   165

Curry, rot, von Meeresfrüchten, Zweierlei von
der Erbse und Mini-Auberginen-Äpfel   106

Das Beste vom Stör mit Koriander-Zitronengras-
Tagliarini und Kaviar   84

Das Beste von Ananas und grünem Tee
mit Basilikum   144

Duftreis   166

Edelkuvertüre-Lasagne mit Chili-Himbeer-Gelee
und Himbeer-Chicorée-Sorbet   156

Entenwürstchen, gegrillt, mit Majoran und
Kreuzkümmel-Spitzkraut   118

Exotic Sorbet mit Ingwer, Zitronengras und
Kurkuma an marinierten Früchten   146

Flusskrebse, ausgelöst, mit Mandarinen-Sternanis-
Fond und gebratenem grünem Spargel   80

Flusszander mit gehobelten Macadamia-Nüssen,
Trüffel-Kürbis-Zimt-Gemüse und Kürbisgnocchi   88

Gamsrückenfilet im orientalischen Gewürzsud
mit Kohlsprossen und Matcha-Gnocchi   116

Gänseleber, gebraten, mit glacierten Kirschen
und Mango-Limetten-Jus   30

Gansl-Ravioli mit Tomatenfondue, Salbei und Rosmarin	136
Gazpacho – pikante Gemüsekaltschale mit Ziegenkäsebällchen	56
Gewürzbrot mit Gerste, im Glas gebacken	182
Gnocchi mit Kürbis	169
Gnocchi mit Matcha	169
Gnocchi mit Oliven	168
Grüntee-Weinbergpfirsich-Smoothie mit Minze	185
Halbgefrorenes vom Ziegenjoghurt mit Rosmarin, Heidelbeeren und Ribiseln	150
Himbeer-Chicorée-Sorbet	187
Holunderblütenmousse mit Rosmarin, Limetten und Holunderbeeren	152
Holunderblütensirup mit Matcha und Rosmarin	180
Hühnerfarce	165
Hummer, bretonisch, mit Wildkräutern und Zitronengras-Pistou	26
Imperial-Wachtel, mit Rosmarinbrioche gefüllt, mit Belugalinsen und Rotwein-Rosmarin-Glace	132
Ingwer-Papaya-Mango-Chutney	172
Jakobsmuschel-Carpaccio mit Mango und Koriander	28
Jakobsmuscheln, süß-sauer, glaciert, mit Koriandersprossen	90
Kabeljaumedaillon, in Kokosmilch pochiert, mit Ingwer-Tomaten	92
Kalbsfilet in der Rosmarinkruste mit Granatapfel, Steinpilzen und Eierschwammerln	122
Kaltschale von Wassermelonen und Herzkirschen mit Estragon-Maishuhn und Dukka	32
Karotten-Ingwer-Sternanis-Cremesuppe mit Zander-Pflanzerln	54
Koriander-Zitronengras-Pesto mit asiatischen Aromen	174
Koriander-Zitronengras-Tagliarini	170
Kraftsuppe vom Perlhuhn mit Basilikum-Tortellini und Gemüseperlen	58
Kumquats-Chutney	173
Kürbis-Gnocchi	169
Kurkuma-Tagliatelle	171
Lachsforelle, poeliert, mit Nudelblatt und Kokosmilchschaum, Orangen-Kaki-Frucht und Basilikum-Minze-Pesto	102
Lachsforellen-Tatar, gebeizt, mit Gelee von rosa Ingwer	34
Lammrücken in Koriander-Erdnuss-Kruste mit Massaman Curry, Wurzelgemüse und Erdnusscreme	128
Lammrückenfilet mit Basilikum-Oliven-Kruste, Tomaten-Couscous und geschmorten Strauchtomaten	126
Langer Pfeffer und Rehrücken mit Viktoria-Ananas, Chili und Romanesco	130
Lasagne von Edelkuvertüre mit Chili-Himbeer-Gelee und Himbeer-Chicorée-Sorbet	156
Makrelen, in Tamari gedünstet, mit erfrischenden Minze-Sommergurken	94
Mango-Ingwer-Smoothie	184
Massaman Curry	164

Matcha-Gnocchi 169

Meeresfrüchtecurry, rot, Zweierlei von der Erbse
und Mini-Auberginen-Äpfel 106

Miesmuschel-Weißwein-Pot-au-feu mit
Kurkuma-Matcha-Gnocchi 104

Mille-feuille mit Basilikum-Kohlrabi-Langoustinen
im Krustentierfond 98

Minipaprika, gefüllt, mit Bulgur, Basilikum
und Chili 72

Miso-Suppe mit Seidentofu, Wakame-Algen
und Sansho-Bergpfeffer 60

Nudelteig 171

Oliven-Gnocchi 168

Perlhuhn mit jungen Kräutern und Heublumen in der
Steinsalzkruste mit Safran-Kurkuma-Mayonnaise 134

Perlhuhnkraftsuppe mit Basilikum-Tortellini
und Gemüseperlen 58

Pfeffergewürzmantel 181

Pot au feu mit Miesmuscheln und Weißwein
mit Kurkuma-Matcha-Gnocchi 104

Ravioli vom geschmorten Gansl mit
Tomatenfondue, Salbei und Rosmarin 136

Rehrücken und Langer Pfeffer mit
Viktoria-Ananas, Chili und Romanesco 130

Risotto mit Safran 167

Risotto mit Wildkräutern 167

Rosmarinbirne, gedünstet, mit
Bitterschokoladeneis und Rosmarinsabayon 148

Rosmarinsabayon 163

Rotbarbenfilet mit Pastis-Fenchel,
Oliven und Paprika 86

Rotes Curry 165

Safran-Risotto 167

Saibling, arktisch, mit Muskatkürbischutney und
Chili-Basilikum-Vinaigrette 108

Salat, lauwarm, von zweierlei Spargel mit
Spitzmorcheln, pochiertem Bauernei und Matcha-
Bärlauch-Schaum 42

Salbei-Petersilien-Pesto 175

Salbei-Spinat-Tascherl mit Ziegenfrischkäse und
Artischocken 74

Schaumsuppe von Äpfeln und Roten Rüben mit
Entenbrust-Rosmarin-Strudel 62

Schmorapfel-Cremeeis 186

Seeteufelmedaillon mit Paprika-Bouillabaisse-Fond
und Muscheln 96

Soba-Nudeln mit Tamari, Algen, weißem Rettich
und Frühlingszwiebeln 76

Soja-Sesam-Thai-Basilikum-Würzsauce 176

Solospargel, roh mariniert, gebraten, mit Koriander-
Hollandaise und gebackenem Bauernei 70

Sorbet mit Ingwer, Zitronengras und Kurkuma an
marinierten Früchten 146

Sorbet von Himbeeren und Chicorée 187

Spanferkelrücken, im Vakuum gegart, mit
Kümmel und cremigem Kokoswirsing 120

Spargelsalat (grün und weiß), lauwarm, mit
Spitzmorcheln, pochiertem Bauernei und Matcha-
Bärlauch-Schaum 42

Steinbutt, mit Aromen gebraten, mit Perlgraupen-Paella und mediterranem Kräuterfond 100

Störmedaillons mit Koriander-Zitronengras-Tagliarini und Kaviar 84

Stubenküken, lackiert, mit Karotten-Ingwer-Perlgraupen 124

Tafelspitzscheiben vom Milchkalb, rosa, mit geeister Tomaten-Paprika-Suppe 40

Tagliarini mit Koriander und Zitronengras 170

Tatar, lauwarm, von der gebeizten Lachsforelle mit Gelee von rosa Ingwer 34

Thunfisch, mariniert, gebraten, mit Navetten, Kombu-Algen und Zitronenmelisse 36

Tomaten-Basilikum-Würzsauce 179

Tomaten-Junglauch-Auszug, weiß, mit Ziegenkäse-Basilikum-Nockerln 64

Törtchen vom pikanten Beefsteak à la Tatar mit Auberginentatar, Ziegenkäse, Tomatengelee und Salbeicreme 44

Wachtel mit Salbei-Risotto und geschmortem Paprika 114

Wachtel, mit Rosmarinbrioche gefüllt, mit Belugalinsen und Rotwein-Rosmarin-Glace 132

Walnusstascherl, karamellisiert, mit süß-säuerlichem Williamsbirnenragout 154

Walnuss-Thunfisch-Würzsauce 178

Wassermelonen- und Herzkirschen-Kaltschale mit Estragon-Maishuhn und Dukka 32

Wassermelonen-Salat mit pikantem Dukka-Zanderspieß und Minze 46

Weißer Auszug von Tomaten und Junglauch mit Ziegenkäse-Basilikum-Nockerln 64

Wildkräuter-Risotto 167

Wildlachs, roh mariniert, mit aromatischer Pfeffermischung, Basilikum-Tomaten-Honig, Rotklee und Kresse 38

Williamsbirnenragout, süß-säuerlich 162

Würfel vom arktischen Saibling mit Muskatkürbischutney und Chili-Basilikum-Vinaigrette 108

Yuzu-Cremeeis 187

Ziegenjoghurt-Halbgefrorenes mit Rosmarin, Heidelbeeren und Ribiseln 150

Ziegentopfensoufflé mit Matcha, Rhabarber und Himbeeren 160

MARKUS METKA, Prof. Dr. med., ist Oberarzt an der Abteilung für Endokrinologie und Sterilitätsbehandlung an der Universität Wien sowie Präsident der Österreichischen Anti-Aging-Gesellschaft. Er gilt als einer der führenden Pioniere auf dem Gebiet der Anti-Aging-Medizin und der Hormonforschung, verfasste mehr als 300 wissenschaftliche Publikationen und zahlreiche populärmedizinische Bücher.

THOMAS M. WALKENSTEINER führte die Suche nach einem eigenen Kochstil nach seiner 1983 im Restaurant Sternen in Dornbirn abgeschlossenen Ausbildung zum Koch in internationale Häuser in Österreich, in Deutschland (bei Eckart Witzigmann in der „Aubergine"), in Asien und an der Côte d'Azur. Seit 2003 ist er Küchendirektor im legendären Schloss Fuschl Resort in Hof bei Salzburg. Seine Kochkünste wurden vielfach ausgezeichnet (1 Stern Guide Michelin, 3 Hauben – 18 Punkte Gault Millau 2010, 97/100 Punkten, 5 Sterne Guide à la Carte).

Bibliografische Information der Deutschen Nationalbibliothek

Die Deutsche Nationalbibliothek verzeichnet diese Publikation in der Deutschen Nationalbibliografie; detaillierte bibliografische Daten sind im Internet über http://dnb.d-nb.de abrufbar.

1. Auflage

Texte: Markus Metka
Rezepte und Foodstyling: Thomas M. Walkensteiner
Lektorat und Projektleitung: Else Rieger
Fotografie: Constantin Fischer
Konzeption und Gestaltung:
Karin Beinsteiner, Christoph Lepka
Druck: GRASL FairPrint, Bad Vöslau

Abbildungsnachweis:
Kräuter- und Gewürzstiche sowie Abb. S. 9 oben: „Die Welt in Bildern. Band 3". Baumeister, Wien 1790. Künstler: unbekannt.
Abbildung S. 9 unten: © Wikipedia/Yikrazuul
Fotos S. 10: Angelika Starkl

Copyright © 2012 by Christian Brandstätter Verlag, Wien

Alle Rechte, auch die des auszugsweisen Abdrucks oder der Reproduktion einer Abbildung, sind vorbehalten. Das Werk einschließlich aller seiner Teile ist urheberrechtlich geschützt. Jede Verwertung ohne Zustimmung des Verlages ist unzulässig. Dies gilt insbesondere für Vervielfältigungen, Übersetzungen, Mikroverfilmungen und die Einspeicherung und Verarbeitung in elektronischen Systemen.

ISBN 978-3-85033-611-6

Christian Brandstätter Verlag
GmbH & Co KG
A-1080 Wien, Wickenburggasse 26
Telefon (+43-1) 512 15 43-0
Telefax (+43-1) 512 15 43-231
E-Mail: info@cbv.at
www.cbv.at

Designed and printed in Austria